LE CORBUSIER:
THE NATIONAL MUSEUM OF WESTERN ART, TOKYO
BY TADAYOSHI FUJIKI
KAJIMA INSTITUTE PUBLISHING CO., LTD.

ル・コルビュジエの
国立西洋美術館

藤木忠善 著
鹿島出版会

この書を我が師、坂倉準三と国立西洋美術館本館の建設、運営と維持に関わったすべての方々に捧げる。

本書を読まれる方へ

　この本は東京上野の国立西洋美術館本館の建築と、この美術館を設計したフランスの建築家ル・コルビュジエ、そして、それに協力した日本人たちの物語だ。

　この美術館は第二次大戦中、フランスに接収されていた松方コレクションがサンフランシスコ平和条約の調印を機に寄贈返還されることになり、その収蔵と展観のために建設された。1959年の開館時は本館のみであったが、その後、新館、企画展示館などが増設され、西洋美術を専門とする国内唯一の国立美術館だ。本館の建築は、2007年に重要文化財に指定され、世界遺産候補に挙げられている。

　ル・コルビュジエはニューヨークの国連本部ビルの計画で有名な20世紀を代表する建築家だ。彼は1955年に敷地を見るため来日し、1年半後に設計が出来上がった。それは、彼が長年研究してきた四角い螺旋型美術館の案であった。彼のアトリエで修業した日本の3人の建築家が、その実現に協力して本館が完成した。

　この本では、多くの方に国立西洋美術館本館の建築と、その経緯を理解して頂くため、この物語をわかりやすく解説するように努めた。そのため、私の撮り溜めた写真127点をはじめ、図版を多く用い、専門用語については、巻頭に用語解説を掲げた。各章各節の並べ方には脈絡はあるが、どこから読みだしても差し支えないように、それぞれ読み切りとした。したがって若干の重複がある。本のサイズはモデュロール13×21cm（黄金比）のハンディーなものとした。また、カバーは本館の発想の原点である四角い螺旋のデザインとし、色もル・コルビュジエの用いた黒、赤、黄とした。

　国立西洋美術館本館は増築のため改変されて、創建時の様子が想像しにくくなっている。本館の建設に携わった私の経験をもとに、なるべくオリジナルの姿と精神を伝えるように努めた。巻末に本館の建設、増改築の経緯をまとめた年譜とル・コルビュジエの原案を付したので参照されたい。なお、前庭、本館内の絵画、彫刻については国立西洋美術館の案内と解説を参照されたい。

ル・コルビュジエの国立西洋美術館

目次

本書を読まれる方へ ———————————————— 1
国立西洋美術館案内図 ——————————————— 4
用語解説 ——————————————————— 6

ル・コルビュジエの美術館を楽しむ ———————————— 9
 四角い螺旋型美術館の夢／10
 インドと日本で夢が実現／14
 歩いて感じる建築／18
 モデュロールの世界／22

空間ガイド－1　前庭を散策する ————————————— 25
 前庭はフォーラム／26
 建築の表情をつくる／30
 いろいろなガラス面／34
 外階段は彫刻／38

空間ガイド－2　ピロティから19世紀ホールへ ———————— 41
 ピロティ／42
 19世紀ホールとは／46
 スロープをのぼる／50
 誰か壁画を描いて／54

空間ガイド－3　展示回廊を周遊する ———————————— 57
 廻り方は自由に／58
 ル・コルビュジエの展示空間／62
 大窓のある休憩スペース／66
 開かれた廻り階段／70

空間ガイド−4　中3階と屋上を探検する ─────── 73
　照明ギャラリーの闘い／74
　光と空間を導くバルコニー／78
　館長室はパリモード／82
　屋上はラビリンス／86

ル・コルビュジエはどんな人 ───────────── 89
　その生涯と活動／90
　ル・コルビュジエはメディアの達人／94
　午前は画家・午後は建築家／98
　ル・コルビュジエは生きている／102

ル・コルビュジエの建築のつくり方 ─────────── 105
　新しい建築の五原則／106
　土着性と官能の造形／110
　えもいわれぬ空間／114
　理想都市の建設／118

ル・コルビュジエが日本にやって来た ─────────── 121
　文化センターは贈り物／122
　設計図が到着する／126
　建設が始まる／130
　「ル・コルビュジエ館」へ／134

国立西洋美術館　建築年譜 ───────────── 138
ル・コルビュジエの原案 ───────────── 140
English Summary ───────────── 146
あとがき −断片的ノート− ───────────── 154

国立西洋美術館案内図　全体配置

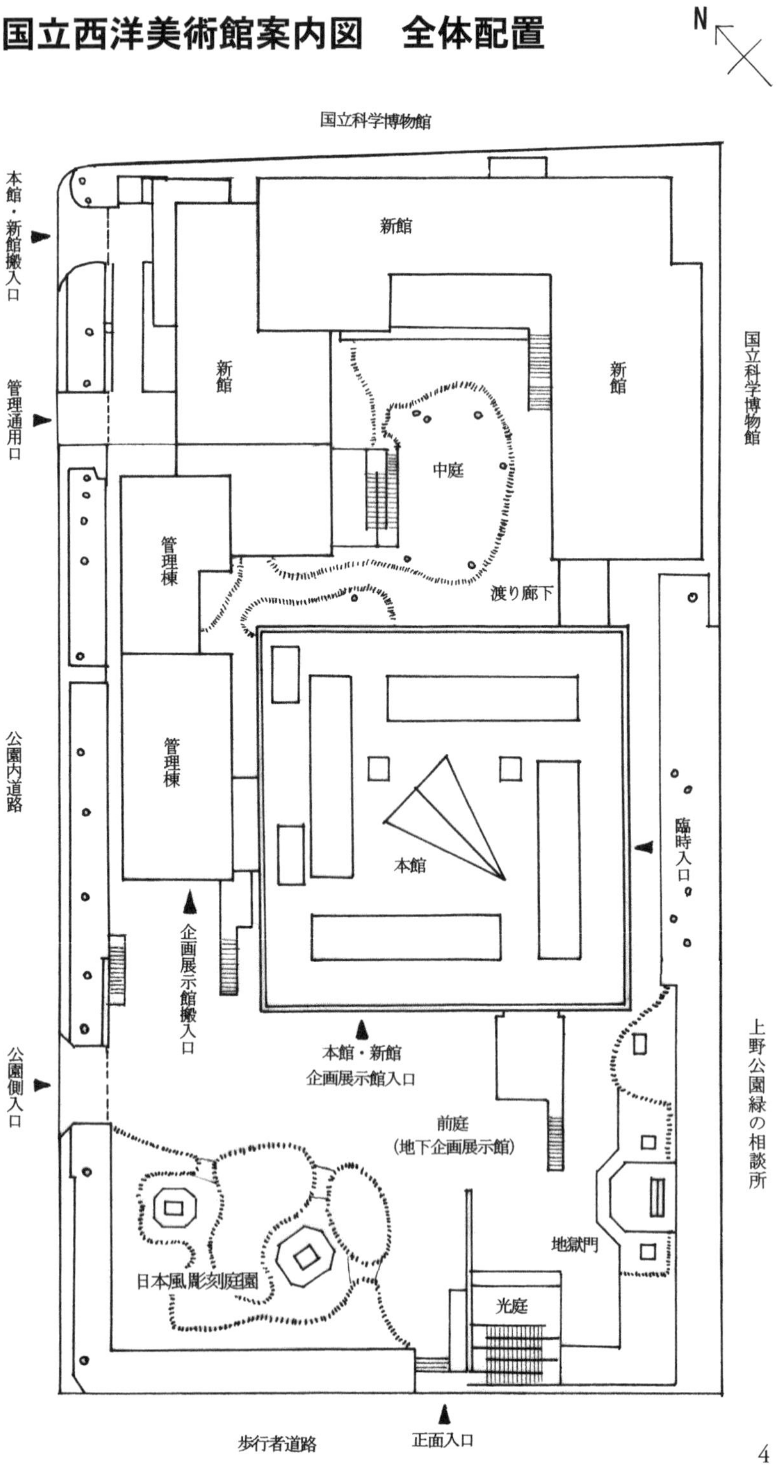

本館各階

1階(右上)
1. 正面入口／2. 臨時入口／3. 切符売場
4. ロビー／5. 企画展示館入口吹抜け
6. 19世紀ホール
7. ミュージアムショップ
8. レストラン／9. 新館への通路
10. 企画展示館出口
11. 本館管理出入口
12. 倉庫／13. 管理棟

2階(右中)
1. 展示回廊／2. 休憩スペース
3. 19世紀ホール吹抜け
4. 廻り階段(管理用)
5. 新館への穴と渡り廊下
6. テラス／7. 管理棟

中3階(右下)非公開
1. 照明ギャラリー／2. バルコニー
3. 倉庫／4. 管理関係休養室
5. 展示回廊吹抜け／6. 19世紀ホール吹抜け

地下1階(左下)
1. 企画展示館入口
2. 休憩室、免震装置見学窓
3. 企画展示館
4. 機械関係諸室

縮尺　1／800

(4、5頁の図は国立西洋美術館
要覧の図をもとに藤木忠善作成)

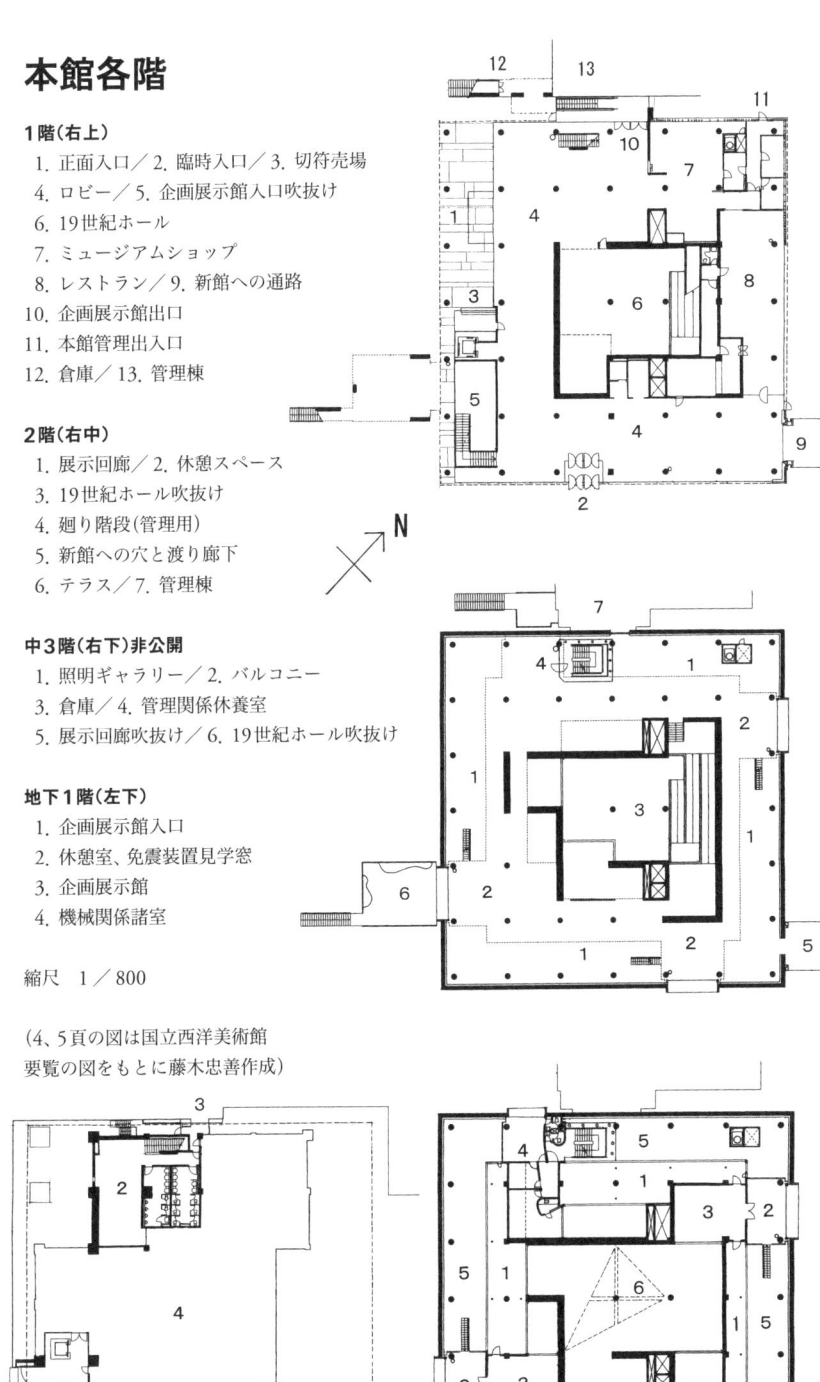

用語解説（五十音順）

RC （アールシー）鉄筋コンクリート。英語 reinforced concrete の頭文字をとった略称。コンクリート（セメント、砂、砂利に水を混ぜて固めた材料）は圧縮に強いが引張に弱い点を鉄筋で補った建材。

アスコラル ASCORAL。建築刷新建設者集団。ヴィシー政権下、ル・コルビュジエにより1942年設立。これは彼の戦後復興に関わるための準備であった。

アンドレ・マルロー （1901–76）フランスの作家。軍隊、レジスタンス運動に参加。作品に「人間の条件」、「王道」など。ド・ゴール政権下で国務大臣（文化担当）。ル・コルビュジエの作品サヴォア邸の保存、近代建築遺産の認知に尽力した。

ヴォールト かまぼこ型の屋根、天井をつくる建築構造。RCでも可能だが、石やレンガを積んでつくることができる。ル・コルビュジエが好んだ構造。

オーギュスト・ペレ （仏、1874–1954）鉄筋コンクリート建築のパイオニア。特に、ラーメン構造によるRCの可能性を示した。ル・コルビュジエはペレのもとでRCの建築を学んだ。彼が生涯、尊敬していた建築家。

黄金比 古代から最も美しいと言われる比例、1:1.618。線分の分割、長方形の縦横比に用いる。その長方形は、次々に相似の長方形に分割される性質がある。ル・コルビュジエの四角い螺旋の原理につながる。

壁構造 間取りの上で必要な壁を、そのまま構造体とする小規模な建築向きのRC構造方式。経済的だが、将来の変更が困難。

カンティレヴァー 片持ち梁。一般にRC、鉄骨のラーメン構造（次頁参照）において柱の列から床が外側に跳ね出した構造を指す。ル・コルビュジエの「新しい建築の五原則」では、この構造を提案している。

基本設計 基本計画に沿って必要な施設内容を決定し図面化する。設計意図、規模、内容、仕上げの程度などを記した設計説明書を作成する。これをもとに依頼者の希望を調整し実施設計（次頁参照）に入るのが通常。

キュビスム 立体派。20世紀初頭、セザンヌに端を発し、ピカソ、ブラックが始めた美術運動。すべての物は球体、円錐、円筒などの立体になぞらえることができるとし、後に建築、工芸などに波及した。

グランドツアー かつて、英国の貴族の子弟が、教育の締めくくりに行うイタリアへの個人的な長期旅行。ル・コルビュジエも24歳で6か月のイタリアを含む東方への旅に出発。その後の作品への多くのヒントを得た。

CIAM 近代建築国際会議。1928年設立。現代建築の方向と住居の標準を探るための国際的な建築家と批評家の集団。1958年に解散。日本からも前川、坂倉他多くの建築家が参加。ル・コルビュジエは創立メンバー。

CIAMグリッド 都市と建築情報の国際的共有化のためアスコラルで考案された表記法。ル・コルビュジエは設計説明に、この様式を多用している。西洋美術館の基本計画のポートフォリオもCIAMグリッドだ。

実施設計　基本設計(前頁参照)にもとづいて材料、寸法などの詳細を決め、構造設計、設備設計、仕様書、積算書を作成する仕事。工事の入札にも、この設計図書が用いられ、積算書をもとに適正工事費が判断される。

仕様書　工事の注意事項、材料、部品、製造メーカーなどの指定、各部の仕上げ等をまとめたもので、設計図を補足し積算にも必要な書類。

スバスチカ　卍(まんじ)型。サンスクリット語、仏語。右巻きの卍はヒンズー教では太陽の光が、さんさんと輝いて渦巻く姿を意味する幸運のシンボル。太陽の運行を尊ぶル・コルビュジエは、これを美術館の空間秩序に応用した。彼の四角い螺旋型美術館の説明図に「SVASTIKA」の記入がある。

施工図　実施設計図にもとづいて、現場において作成される工事に必要な図面。RC部分であれば、雌型である型枠の割り付け図などである。複雑な部分やフリーの形などは現寸で作成される。

耐震(補強)構造　ラーメン構造の一部に壁や斜材を加えて、耐震性を高める構造。地震が起こる度に研究が進み基準が厳しくなりつつある。

動線　建物が与えられた機能を果たすのに必要な人や物の動きの主要な移動の経路。設計に必要な予測の理論。

DOCOMOMO　(ドコモモ、英文表記略称)近代建築の資料化、保存活動を行う国際組織。1990年設立。日本にも支部があり、1920年から1970年までの近代建築物の再評価、保存運動を展開している。

ピュリスム　純粋主義。キュビスムを批判し、時間、空間に拘束されない恒久、普遍の造形を目指した運動。1918年に画家オザンファンとル・コルビュジエが「キュビスム以後」を発表し推し進めた。

ピロティ　杭(くい)。仏語。ル・コルビュジエは、この語に特別な意味を与えた。建物を杭の上に載せることによって、交通と見通しを妨げずに建物を自由に配置できることだ。1階が完全なピロティではなく部屋がある場合はポルティコ(列柱廊)。創建時の本館の場合は原案の表記もポルティコだ。日本ではポルティコもピロティと呼ぶのが一般的。

フィボナチ数列　二つの数を加えると次の数値となる無限数列。ある項と次の項の比率は、およそ黄金比になり、だんだんと黄金比に近づく。数列の名前はイタリアの数学者。ル・コルビュジエのモデュロールに応用された。

免震(化)構造　建物を地面と切り離し地震力を受けないように基礎下に積層ゴムなどを設置する構造。既存建築では建物下を掘削し杭で建物を仮支持して、この工法を行う。建物外周には池、溝、段などを設け周囲の地盤と絶縁する。被害を最小限にできるが、将来、積層ゴムは交換が必要。

ラーメン構造　ジャングルジムのような建築構造。柱と梁による構造は自由な設計が可能で、将来の変更にも耐えるため、鉄骨造、RC造の一般的な構造方式。ル・コルビュジエの「新しい建築の五原則」も、これを提唱。

「飽くなき探求」　ル・コルビュジエ

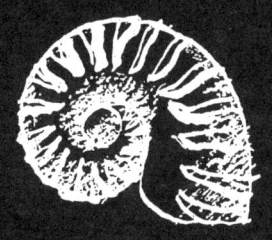

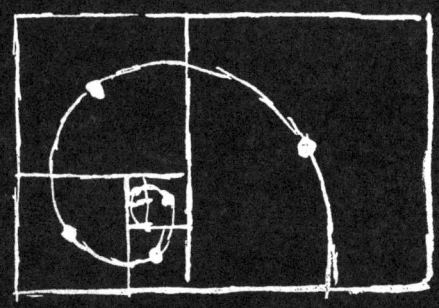

ル・コルビュジエの 美術館を楽しむ

　国立西洋美術館の本館はル・コルビュジエの設計によって1959年に建てられた。彼は世界の平和と発展のために過去の蓄積からの学習と発見こそが大切だと考えた。そして過去の容器としての博物館、美術館の研究を続けてきた。本館は、その研究の応用であり、加えて彼の特徴である光と空間の変化が体感できる建築だ。開館から半世紀を経た現在、二度にわたる増築によってル・コルビュジエの建築の姿が失われた部分もあるが、できるだけ創建時の様子を検証しながら、その楽しみ方を述べよう。何事も、その由来を知らないと、もう一つ楽しみが得られないもの。この美術館の発想の原点とル・コルビュジエの建築の特徴について、いくつかのキーワードから考えてみよう。

カット／無限成長美術館の原理を示す巻貝と正方形の螺旋 1939 ル・コルビュジエ

四角い螺旋型美術館の夢

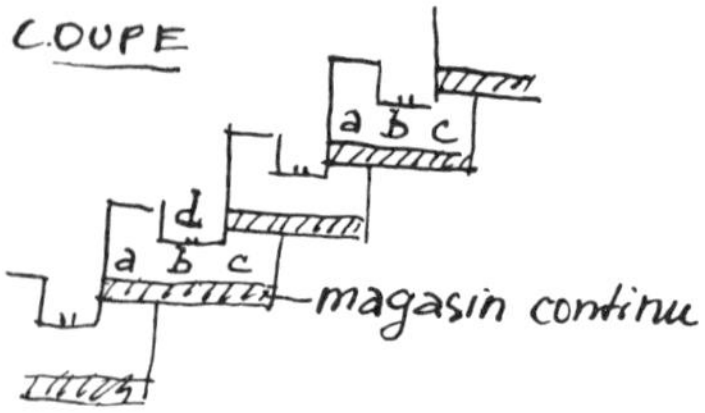

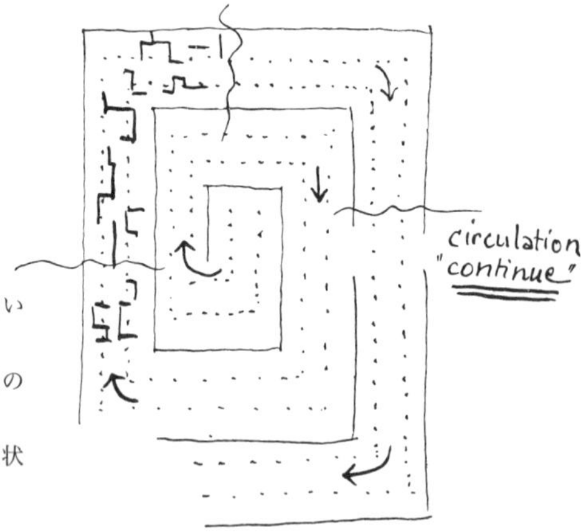

上右　展示回廊の平面スケッチ。四角い
　　　螺旋型
上左　展示回廊の断面スケッチ。凹型の
　　　空間、凹型の天窓
中　　世界博物館の断面図。外観は段状
　　　ピラミッド

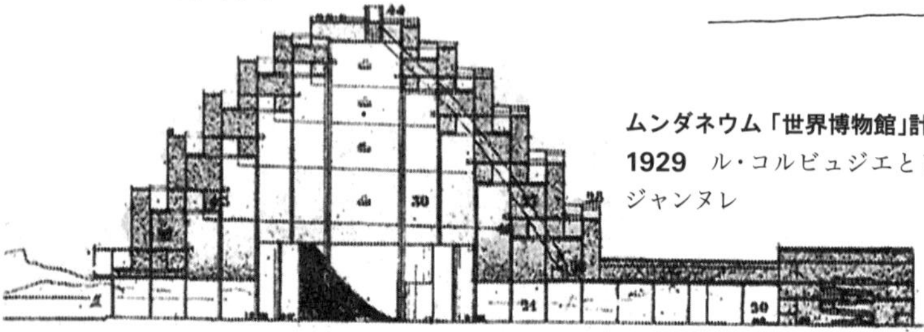

ムンダネウム「世界博物館」計画案
1929　ル・コルビュジエとピエール・ジャンヌレ

観客はピロティを経て中央ホールからエレベータで最上階にのぼり、展示回廊を降りながら観覧

パリ現代美術館計画案 1931 ル・コルビュジエとピエール・ジャンヌレ
観客は外側の塀にある入口から地下道を通って美術館地下の中央ホールに導かれ、そこから1階の四角い螺旋の展示回廊に至る

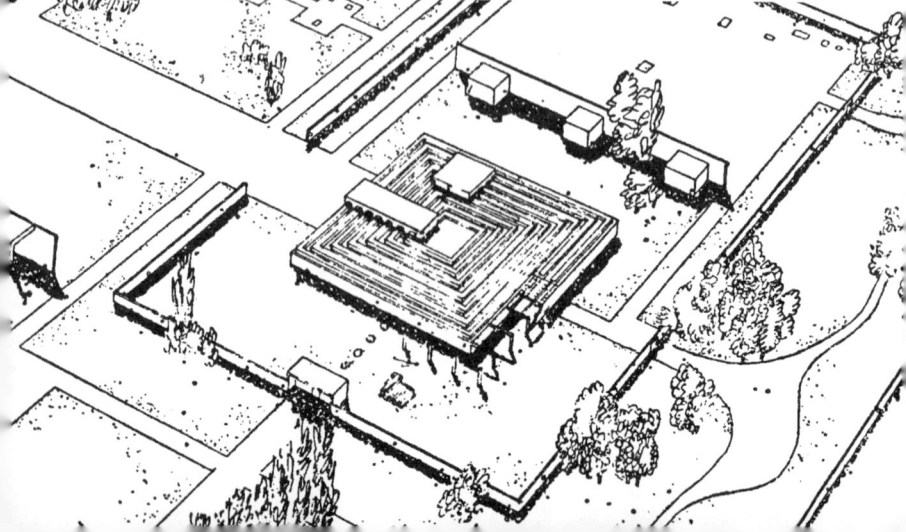

パリ万博「現代美学センター」計画案 1936
ル・コルビュジエとピエール・ジャンヌレ

上 　中央ホール。観客はピロティを経てスロープをのぼり展示階へ。天窓から光が降る

中左 　2階平面。スバスチカ型に分けられた展示回廊と大窓を持つ通路

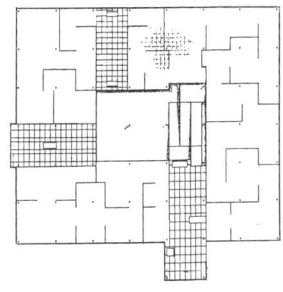

中右 　2階展示階模型。中央ホールからスロープで四角い螺旋の展示回廊へ。展示回廊は中3階によってスバスチカ型に分割される

下 　外観模型。ピロティに持ち上げられた四角い箱、屋根に凹型の天窓が見える

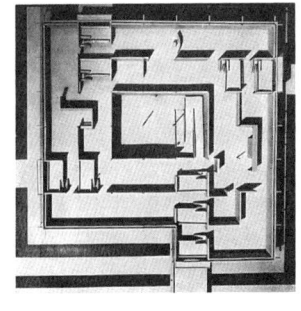

無限成長美術館計画案
1939 ル・コルビュジエとピエール・ジャンヌレ

本館の発想の原点は80年前の計画案にある。それは1929年、ムンダネウム計画に提案された四角い螺旋状（スピラル・カレ）の「世界博物館」である。彼が、成長する博物館、美術館にこだわるのは、過去の事物を集めて学習の対象にする態度からきている。それは「温故知新」に通じるもので、ル・コルビュジエも若き日の旅の見聞から設計のヒントを得ている。事物を貯めていくと次々とスペースが必要になり、増築の方法が問題になる。美術館に限らず、元の建物の価値を損なわない増築の方法は永遠の課題だ。ル・コルビュジエはこの問題について、本館の案に至るまでに四つの計画案を試みている。その計画案を詳しく見てみよう。

　ムンダネウムとは世界の知的センターで、ベルギーの図書館学者ポール・オトレが提唱したユートピア構想である。協力したル・コルビュジエはジュネーブ郊外の高台に、本部、図書館、大学、研究所を含むムンダネウム（世界都市）を計画し、その中心が「世界博物館」である。この計画案で示された凹型の展示室断面と天窓、可動展示パネルの案は30年後に建てられた本館にも活かされている。

　パリ現代美術館は1931年、パリ郊外に計画され、最初に中心となるホールを建て、絵を寄付した人が屋根と壁の費用も一緒に寄付して、螺旋状に増築され成長する美術館の提案だ。

　現代美学センターは1937年のパリ万博のために提案された。この計画は調節可能な全面天窓採光、工業化された外壁パネルなど具体的な案で、四角い螺旋型美術館の最初の実現になるはずであったが採用されず、彼は代わりにテント張りの「新時代館」をつくった。

　無限成長美術館（ミュゼ・クロワサンス・イリミテ）は1939年、マルセイユへの航路があるアルジェリアの港町、フィリップヴィル市（現在のスキクダ）に計画された。彼は四角い螺旋の展示回廊をスバスチカ型配置の通路で分割して風車型平面を明確化し「無限成長美術館」と命名。翌年の1940年、独軍のパリ侵攻で研究は中断。彼はアトリエを閉鎖しピレネー山麓に疎開。

　大戦後、四角い螺旋型美術館はインドと日本で実現したが、その研究は彼が没するまで続けられ、1963年、フランクフルト近くのエルレンバハ市の美術館、1965年、パリ20世紀美術館の計画がある。

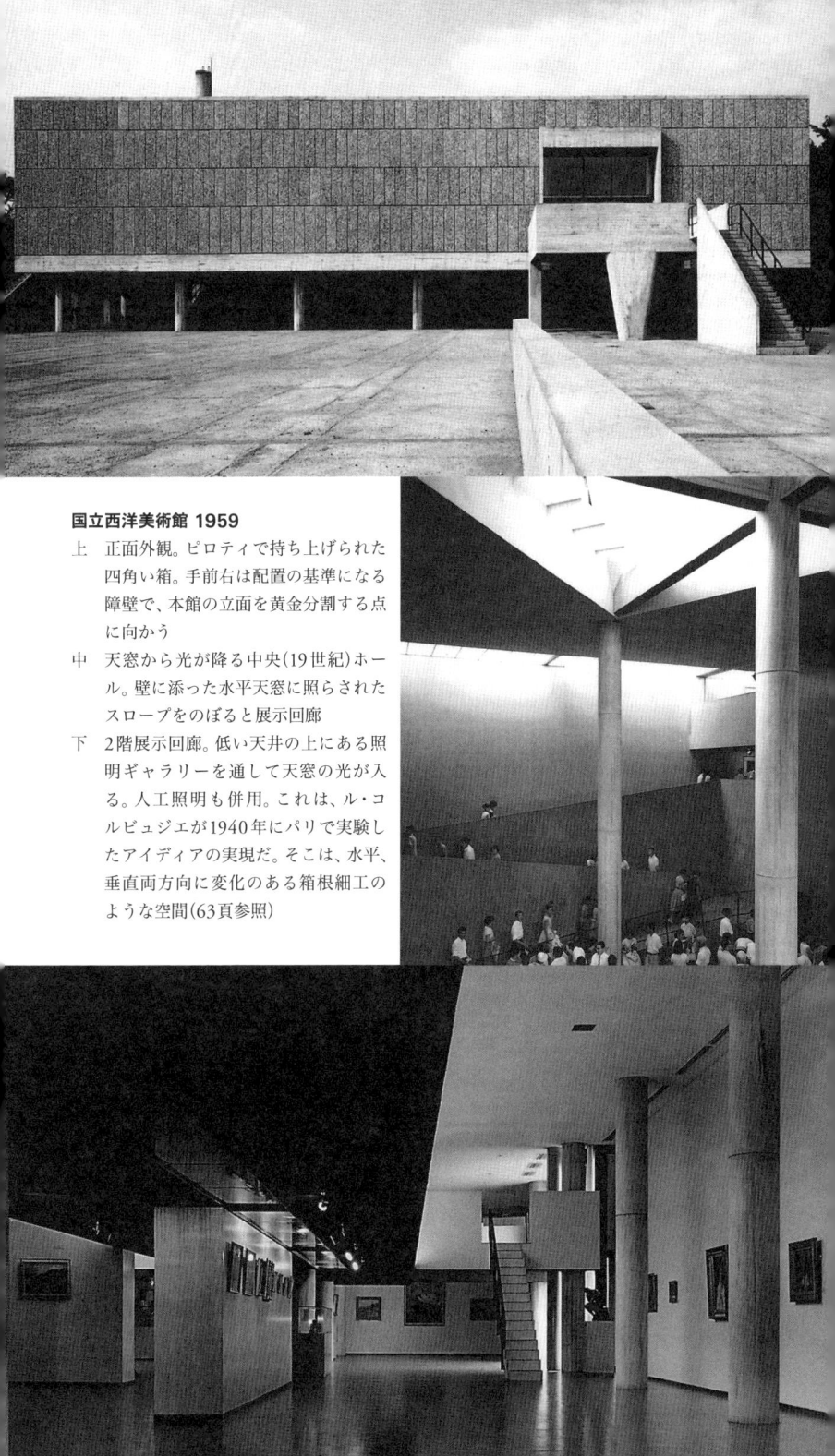

国立西洋美術館 1959

上　正面外観。ピロティで持ち上げられた四角い箱。手前右は配置の基準になる障壁で、本館の立面を黄金分割する点に向かう

中　天窓から光が降る中央(19世紀)ホール。壁に添った水平天窓に照らされたスロープをのぼると展示回廊

下　2階展示回廊。低い天井の上にある照明ギャラリーを通して天窓の光が入る。人工照明も併用。これは、ル・コルビュジエが1940年にパリで実験したアイディアの実現だ。そこは、水平、垂直両方向に変化のある箱根細工のような空間(63頁参照)

インドと日本で夢が実現

アーメダバードの美術館 1958
ル・コルビュジエ

［上］ピロティに支えられた天窓のない美術館。暑さを避け夕刻からの開館という計画で、完全人工照明。レンガの外壁の下部にRCの空中プラントボックスがあり壁にツタを這わせて遮熱する計画

［中］3階まで吹抜けた中央ホールは一部屋根がなく半戸外。展示室にのぼるスロープがあり自由な形の池と噴水が涼を呼ぶ

［下左］2階展示室。財政難で壁が未完成のためパネルを使用。電力不足で照明は暗い

［下右］屋上は45区画の深さ40cmの水盤。そこにパスツール研究所開発の肥料で巨大水生植物を育て屋根を遮熱。観客の回遊路もある。水不足などで実現していない

チャンディガルの美術館 1968
ル・コルビュジエ

[上] ピロティに支えられた52m角の美術館。南北に45度振られた配置。外壁はレンガ、屋上の水路からの大きな落ち口と樋。
[中] 3階まで吹抜けの中央ホール。スロープで2階展示室に導かれる。展示室と同じ型の天窓から自然光が降る地下のような空間。中3階の資料室が見える
[下左] 2階展示回廊。天窓からの柔らかい光。赤、黄、黒、白に塗られた天井
[下右] 天窓内部には直射光を避ける東西方向のRCの遮光板が見える。これは西洋美術館の採光案を研究、後にル・コルビュジエのアトリエで、この美術館を担当した村田豊(元坂倉事務所)の提案ではないか

ル・コルビュジエの設計は、その建築に求められる理想の原型を研究し、それを繰り返し提案して実現の機会を待つという方法だ。この美術館の四角い螺旋の原型も、3回の提案の後、実現の機会がやってきた。それはインドのアーメダバード市長からの依頼、同じくインドのネール首相からの新しい州都チャンディガルの建設に伴う依頼、松方コレクションの返還に伴う日本からの依頼であった。この三つの美術館の設計はセーブル街のアトリエで、1950年代前半から断続的に併行して進められた。

　三つの美術館を比較したのが右頁の図だ。共通なのは、中央ホール、スロープ、展示回廊という「歩いて感じる建築」(20頁参照)の景色の変化、スバスチカ型の中3階と展示回廊の形状だ。

　増築の方法では、アーメダバードは講堂などの予定位置が離されていて一周りの増築案がある。東京は後方へ1/4周の増築案がある。チャンディガルは講堂側に1/4周の増築案がある。しかし、敷地の条件や増築のための外壁の取り壊しなどの点から、現実には、無限成長の理論は依然、未解決のユートピアだ。

　採光の方法は、アーメダバードは夕刻開館の計画で完全人工照明。東京は中央ホールと展示回廊を別々の天窓によって採光。展示回廊の天窓は太陽運行の影響を受ける配置。チャンディガルでは、インドの強い太陽光を避けて直射光の入らない天窓により、中央ホールを含めて全館同一の採光方法になっている。

　寸法は3館ともモデュロール。柱間の内法は、東京とアーメダバードが5.92 m。チャンディガルが6.47 m。いずれも柱の直径は43 cm。高さ方向の寸法は吹き抜けの中央ホール、展示回廊など3館とも同じだ。玄関入口は、東京は自動閉鎖のガラスドア。インドの2館は大型回転ドアで、開館中は開いた状態で固定される構造のため外気が入る。日本と空調の考え方が違う。ル・コルビュジエは自然換気主義だ(ピロティの比較は43頁参照)。

　インドの二つの美術館の運営状態は政情、経済的条件から、今のところ芳しくない。こういう状況では日本が、この本館を活用保存していくことが文化に対する国際的責任ということになる。

2階平面図の点線は天窓、グレー部分は天井の低い展示室(中3階の下)を示す(作成 藤木忠善)

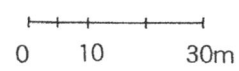

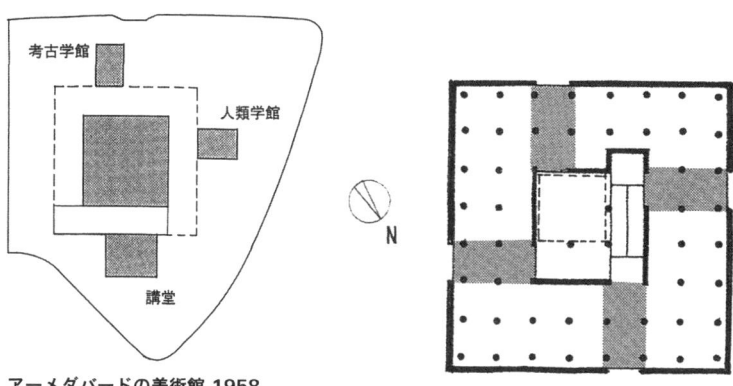

アーメダバードの美術館 1958
スパン6.35 m。7×7スパン。全体は47.5 m角。中央ホール3×3スパン

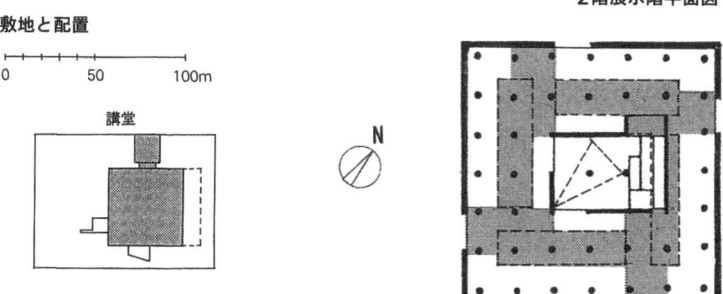

国立西洋美術館 1959
スパン6.35 m。6×6スパン。全体は41.1 m角。中央ホール2×3スパン

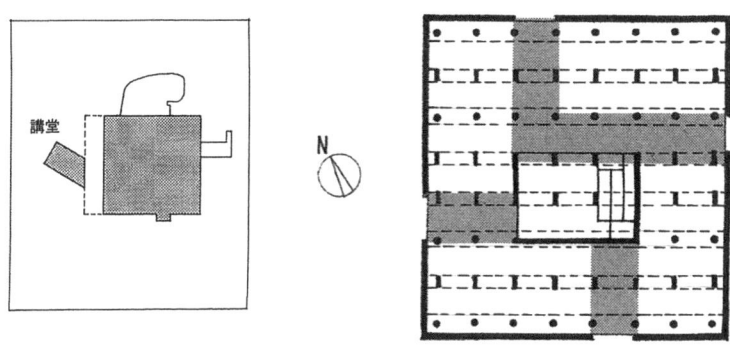

チャンディガルの美術館 1968
スパン7 m。7×7スパン。全体は52 m角。中央ホール2×3スパン

歩いて感じる建築

(左頁)
国立西洋美術館本館 1959
[上] 前庭から建物全体を眺めながら、ピロティへ
[中] ピロティから19世紀ホールへ。彫刻を観賞し、スロープをのぼりながら四周の景色を楽しみ2階の展示回廊へ
[下] 2階の展示回廊。絵を見ながら歩くにしたがって、空間が変わる

(この頁)
[上] **視覚芸術センター 1964**
ル・コルビュジエ。米国、ケンブリッジにあるハーバード大学の施設。スロープが建物を貫通し、建物が交通を妨げるのを解決。授業で移動する学生も通り抜ける人も道すがらの景色を楽しめる(21頁中、平面図参照)

[下] **クルチェット邸 1954**
ル・コルビュジエ。アルゼンチン、ラプラタに建つ併用住宅。ピロティをくぐり、スロープをのぼると住宅の玄関。折返して、さらにのぼると医院。患者、住人は道すがらの変化を楽しめる(21頁下、断面図、109頁下右、外観参照)

ル・コルビュジエは1934年に、サヴォワ邸（1931年完成）について「アラブの建築は確かな教訓を教えてくれる。それは歩きながら観賞するものだ。移動することで建築が認識される。紙の上で考えられたバロック的建築よりも、私はアラブの方を選ぶ。サヴォワ邸では建築的な散歩によって、次々と変わった姿が表れる」と述べている。彼はアルジェの街を歩いた経験から、この考えを得たというが、実は1920年代から、彼は、それを考え、感じていたのだ。

　これは建築を3LDKというような間取りから理解するのではなく、移動する景色の連続として感じるのが彼の考えだ。それは、ヴェルサイユ宮庭園のように軸線のある整然とした空間ではなく、日光東照宮の参道や桂離宮（回遊庭園）の苑路のように、目的に至るまでの景色の変化と精神の高揚という時間の要素を含むランドスケープ（景観）を建築の中に持ち込んだのだ。彼のいう建築的な散歩道（プロムナード・アルシテクチュラル）の考えを、ここでは「歩いて感じる建築」と呼ぶことにする（他の訳として「建築的プロムナード」がある）。

　この「歩いて感じる建築」のツールは建物の中央に置かれたスロープと開かれた廻り階段であり、それに吹き抜けや室内のバルコニーが加わる。現在では、エスカレータや吹き抜けを昇降するシースルーのエレベータもあり、常に視覚情報を得ながら移動するのが当たり前になっているが、彼は、そのような考えを1925年のラ・ロッシュとジェンヌレ邸で、すでに実験している（103頁中参照）。これこそル・コルビュジエの建築の特徴だ。ここでは、その例としてクルチェット邸と視覚芸術センターを挙げておこう（前頁、右頁参照）。

　国立西洋美術館本館の場合も、前庭からピロティ、19世紀ホール、スロープを経て展示回廊へ至る「歩いて感じる建築」の仕掛けがあり、ツールはすべて揃っている。スロープ、廻り階段、19世紀ホールの吹き抜け、展示回廊の吹き抜け、中3階のバルコニーがそれだ。

　本館に、多くの来館者が訪れるのは企画展の期間である。1979年の新館増築の際に本館2階展示回廊の隅に連絡口（5頁2階平面図、135頁写真上右参照）が設けられた。企画展会場となった新館から、この連絡口を通って本館に入る巡路が設定されたこともある。このような入り方では、ル・コルビュジエが用意したドラマ、光と空間の変化や「歩いて感じる建築」を体感できない。今後は、企画展開催時も案内や観覧券の工夫によって、本館は19世紀ホールからの入場を常とすることが望まれる。

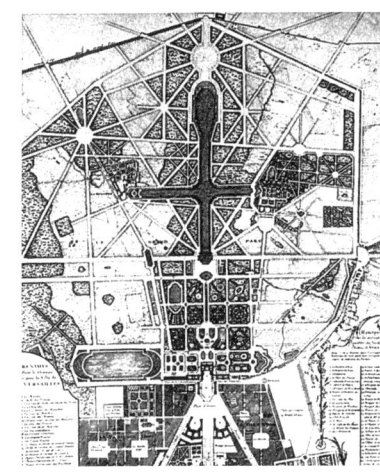
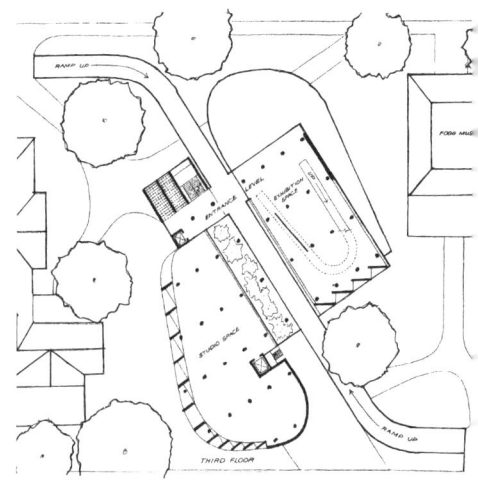

上左 **日光東照宮 17世紀** 自然の地形に応じた門や社殿の配置。表門から本殿に至る曲折した参道は変化があり、歩いて感じるランドスケープだ

上右 **ヴェルサイユ宮庭園 17世紀** ル・ノートル。軸線を持つヨーロッパ整形庭園。左右対称の美しさがあるが、回遊庭園のような視覚的変化に乏しい

中 **視覚芸術センター平面図 1964** ル・コルビュジエ。キャンパスの中に新しい回遊路ができた

下 **クルチェット邸断面図 1954** ル・コルビュジエ。左側のピロティ上が医院、右側の棟が住宅

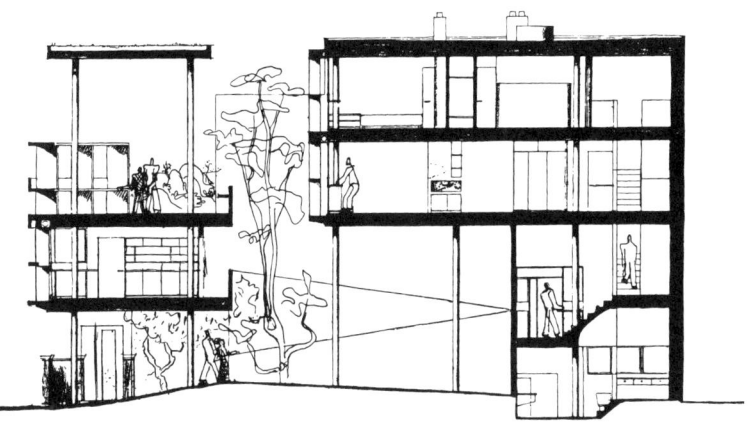

モデュロールの世界

A	20	L	530
B	30	M	700
C	60	N	860
D	80	O	1,130
E	100	P	1,400
F	120	Q	1,830
G	160	R	2,260
H	200	S	2,960
I	260	T	3,660
J	330	U	4,790
K	430	V	5,920 m/m

全体計画

この建物は平面が 41.11 mm × 41.11 m の正方形で高さが 9.83 m ある。図1は主たる展示室と 19 世紀大ホールを含む2階の平面で全体計画の規準寸法を示す

V = 592B 骨組の内法巾
K = 43R 柱の径 2 階および中 3 階 (1 階では 53R)
i = 635 = V592B + K43R 構造の規準寸法となる柱の間隔

K = 43R 外壁の厚さ 周囲の張出し
N = 86B
R = 226B 中 3 階照明ギャラリー張出し
J = 33B 中 3 階室内バルコニー(小展示室等)張出し

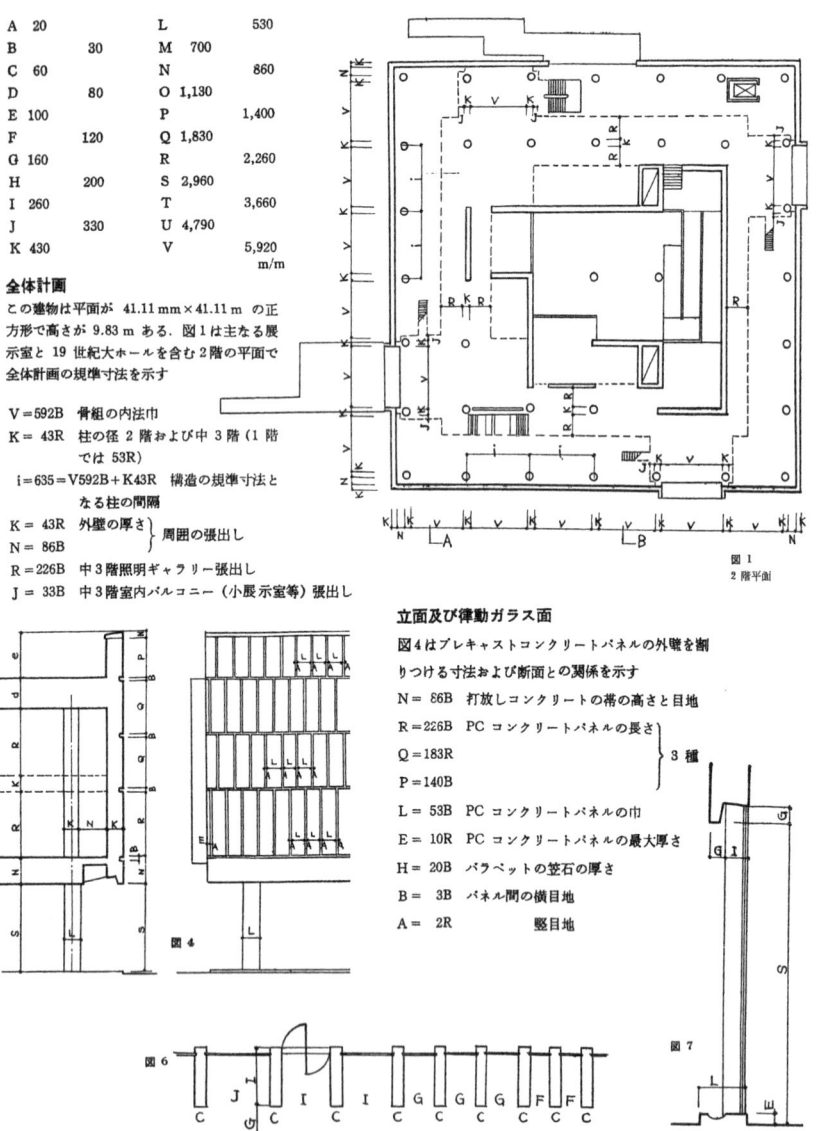

図1
2 階平面

立面及び律動ガラス面

図4はプレキャストコンクリートパネルの外壁を割りつける寸法および断面との関係を示す

N = 86B 打放しコンクリートの帯の高さと目地
R = 226B PC コンクリートパネルの長さ ⎫
Q = 183R   ⎬ 3 種
P = 140B   ⎭
L = 53B PC コンクリートパネルの巾
E = 10R PC コンクリートパネルの最大厚さ
H = 20B パラペットの笠石の厚さ
B = 3B パネル間の横目地
A = 2R 竪目地

図4

図6

図7

律動ガラス面 (Pans de verre ondulatoires) は美術品倉庫と工房およびサービス関係諸室の外壁をなす 図6・図7 はその平面と断面で細い割つけを示す 律動ガラス面の実際の高さは 302 = S296R + C6R である 図7 また適当な位置にはアルミニウム製の換気用回転扉が設けられる その巾は I = 26R

I = 26R 律動ガラス面コンクリートスタッド奥行   C = 6R コンクリートスタッド厚さ

律動ガラス面の細分に F12B, G16R, H20B, I26R, J33B, K43R, L53B, M70R, N86B, O113R, P140B の 11 種を用う

G = 16R コンクリートスタッドの壁面からの後退

展示室外壁の雨水を処理するため律動ガラス面の下にコンクリート製の樋を設けた 図7 L = 53B 奥行 E = 10R 高さ

(作図 藤木忠善 坂倉準三建築研究所 1959)

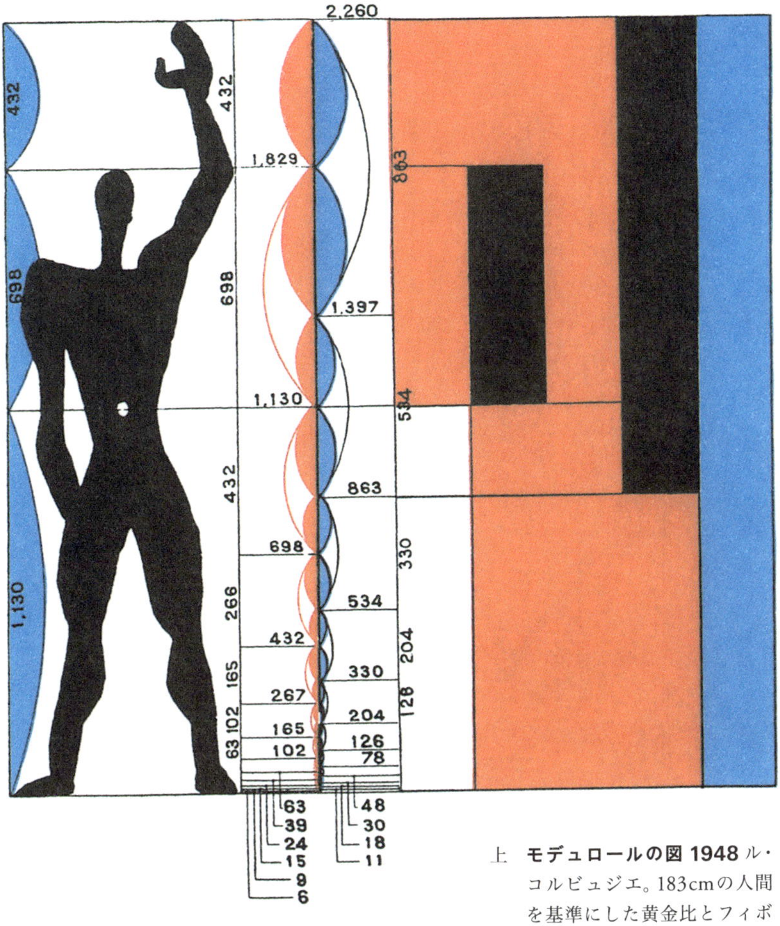

上 **モデュロールの図 1948** ル・コルビュジエ。183cmの人間を基準にした黄金比とフィボナチ級数が視覚化されている

左頁 **国立西洋美術館におけるモデュロール** 本館の平面、断面、各部の寸法はすべてモデュロールによって決められた。建物全体の寸法秩序は2階の円柱の径43cmと内法間隔5m92cmで決められている。1階の円柱径は53cm（図2、3など省略）

下 **国連本部ビル23A案模型 1947** ル・コルビュジエ。ニューヨークに建つ本部ビルの原型になった案。彼はこの設計にモデュロールを用いてメートルとフィート・ポンドの世界を統合しようと考えた

モデュロールはル・コルビュジエが考案した美学的な物差しだ。モデュロールはモデュール（基準寸法）とオル（仏語の黄金）を合わせた造語。モデュールは工業製品の標準化のための基準寸法を指すが、彼は、それと一線を画した人間をもとにした寸法の世界を考えた。

　モデュロールは黄金比を含む人体寸法をフィボナチ数列に展開したもので、身長183cmの人間が手を上げた高さ226cm、頭、へそ113cmを基本にしている。それを赤と、それを2倍した青の二つの数列とした。そこには黄金比を引いたり加えたり、倍にする性質があり、誰でも美しい比例がつくれる道具だ。だが、吉阪は「モデュロールで安心するな。決めるのは君だ」と私に語った。

　モデュロールは等比級数なので家具から都市計画、さらに天文学的数値まで得られる。一度使うとゲーム性があり、丹下健三他、多くの建築家が試みている。ル・コルビュジエ財団ではモデュロールの布製のテープも販売されているが、吉阪が使っていたコンベックスルールを赤、青に塗り分けたものが自立させて高い位置が測れるので実用的だ。

　モデュロールは大戦中に研究され1945年に完成、1950年に出版された。彼は建築の形態を黄金比、対角線や直角を用いた幾何学的な方法で研究してきたが、それを数値に置き換えデジタル化したのだ。それは1952年、マルセイユのユニテ・ダビタシオン（集合住宅）の設計に最初に使われ、その後、彼のすべての設計に使われ、印刷物のレイアウトにも使われている。国立西洋美術館本館もモデュロールを用いて設計された。22頁の図は本館における、その記録の一部。表記法はル・コルビュジエがマルセイユのユニテで用いた方法によっている。

人体のいろいろな動作寸法とモデュロール ル・コルビュジエ

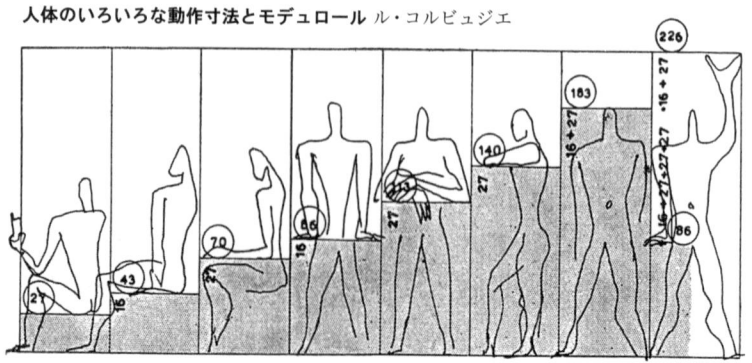

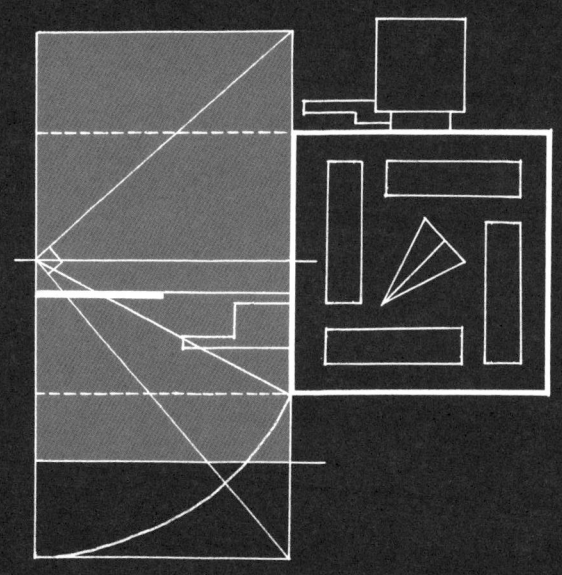

空間ガイド——1
前庭を散策する

　国立西洋美術館の前庭は1998年から無料開放されている。立ち寄って前庭を散策してみよう。正面に、列柱の上に立方体が浮かんでいるのがル・コルビュジエ設計の本館だ。一目散に切符売り場に行かないで、ゆっくり建物とその周りを見てみよう。そこにはロダンやブールデルの彫刻もあり、休憩のできるベンチもある。

　前庭にいると、いろいろな物が見えてくる。小石が植えられた見慣れない外壁、打ち放しコンクリートの枠に囲まれた大きな窓、外に突き出た二つの昇れない階段。アミダくじのような床の模様、西洋ではない日本風の庭園などだ。ここでは前庭の持つ意味を考え、本館の外観をくわしく観察してみよう。

カット／モデュロールの図法による第3の正方形と本館の配置 グレー部分は敷地を示す
　　（作図 藤木忠善 坂倉準三建築研究所1958）

前庭はフォーラム

上　**本館2階テラスから見た前庭**　創建時の姿。中央にロダンの彫刻「カレーの市民」
下　**公園側入口から見た本館前庭**　地下工事のため全面撤去の後、復元された前庭床

上 **文化センター模型 1956** ル・コルビュジエが提案した国立西洋美術館を含む複合施設。左が美術館、右は企画巡回展示館、上は劇場(基本計画ポートフォリオ図11)

下 **日本風彫刻庭園** 前庭の南西隅に免震化された彫刻台の高さを調整するため、盛土された作者不詳の日本風造園がなされた。これによって、ル・コルビュジエの前庭デザインが尊重されず、彼が求めた建物と前庭の緊張した関係が失われた。2004年完成(写真は工事中)

前庭の原案は美術館、企画巡回展示館と劇場に囲まれたフォーラムで、与えられた敷地を超えるものだった。それは本館と同じ大きさの正方形二つの広場があり、それに接して第3の正方形である本館を黄金比の位置に置くという案だ（25頁参照）。その二つの正方形の中央を示す位置にはRCの低い障壁がある。しかし、敷地の関係から東側の正方形の一部が欠けることになった。

　前庭の公園側入口の位置は原設計通りに、また、前庭の正面入口の位置は、原設計の広場から実現しなかった企画巡回展示館への入口部分がこれに充てられた。入口の幅はいずれもモデュロールの寸法であった。前庭の床材は、ル・コルビュジエは石敷きを望んだが予算がなく、モデュロール寸法によって、アミダくじ状に黒色目地で区切られた砕石入りコンクリート舗装になった。彼は敷地の樹木を残すよう指示したが、高樹齢のため移植に耐えず断念された（原設計には既存の樹木が記入されていた。140頁上参照）。

　1959年2月、間もなく到着するロダンの彫刻を外か中、どちらに置くかという会議が現場で開催。文部省芸術課、前川、坂倉、吉阪、菊池一雄（彫刻家）、村田良策（美術史家）の諸氏が出席。文部省は浮浪者と汽車の煤煙を恐れてすべて中を主張。他のメンバーは外を主張し、結局、地獄の門とカレーの市民は外、その他は中となった。文部省はその承認の交換条件として、敷地外周に塀の設置を要求した。坂倉は、彼が好んで用いた鉄筋を矢来に組んだ景色を遮らない柵を用いて、これに応じることにした。

　彫刻が日本に到着し、館長の富永惣一が着任。富永は東大で坂倉と美術史を専攻した仲だ。彫刻の配置は富永の意向と、原案の「彫刻は建築と調和して置かれる」という精神に沿って決められた。坂倉は、カレーの市民は将軍ではなく市民の勇気を讃えたものだから高い台の上に置くものではないと、芝生の中にその位置を決めた。南東隅の地獄の門は、いかにも屹立している。19世紀ホールにと考えられたが、そこには壁画の計画があり、原設計でも指示がなかった。地下に企画展示館をつくった際に、地下の中庭の壁に移設することが、海外の例のような自然な展示が実現できる機会だった。

吉阪隆正氏の手紙から

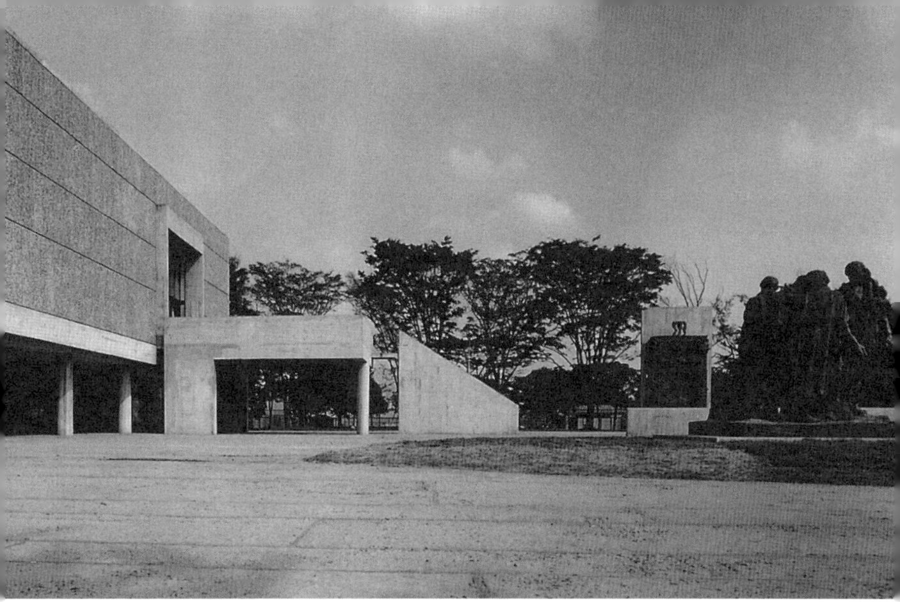

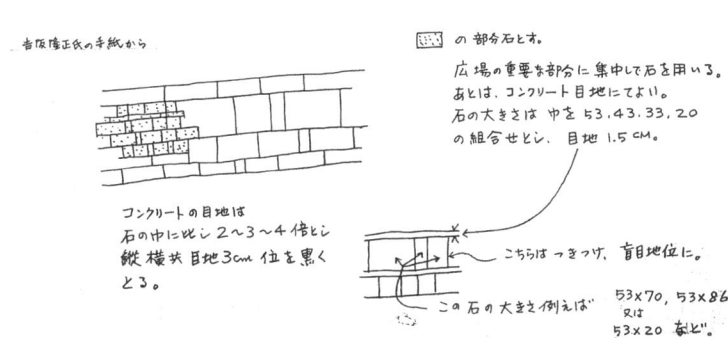

上 **公園側入口から見た本館前庭** 創建時の姿

中 **前庭の床舗装** 原設計にわずかな記述しかなかった前庭の舗装はル・コルビュジエのその後の指示によって施工された。それを伝える吉阪のパリからの手紙(写し)

下 **前庭の地下につくられた企画展示館** 断面透視図。展示室然とした空間の連続。ルーブル美術館の地下のような多目的スペースが欲しかった。右端は講堂。1998年開館

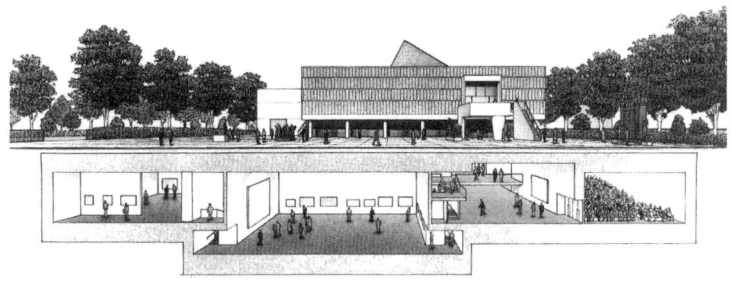

建築の表情をつくる

左頁　**本館の外壁**　石を植えたPCコンクリートパネルはモデュロールで割りつけられた。夏と冬、晴れた日と雨の日で微妙に色が変わり壁の建築に表情を与える

上左　**マルセイユのユニテ・ダビタシオン 1952** ル・コルビュジエ。集合住宅の中央通路の壁。本館の外壁と同じ小石を植えたPCパネル。43×86cmのモデュロール

上右　**アーメダバードの美術館 1958** ル・コルビュジエ。屋根の打ち放しコンクリートと荒っぽい目地のレンガ壁が窓の少ない建物に表情をつくる

下　**ラ・トゥーレットの修道院 1960** ル・コルビュジエ。リヨンの西、エヴーの町はずれに建つカトリック、ドミニコ会の僧院。僧坊のブリーズ・ソレイユ(テラス部分)に用いられた石植えのPCコンクリート部材。石は砕石だが国立西洋美術館の外壁パネルと同じ工法だ(115–117頁参照)

美術館は窓がない建築が多い。展示する壁が外壁になるからだ。外観の表情は窓のデザインに頼る部分が多い。それだけに美術館の外観に表情を与えるのは難しく、壁の材料と表現に工夫が必要だ。

　ル・コルビュジエはRC造のカンティレヴァーの先に壁を立てるのに、鉄骨造の場合のレンガやブロックに代えて、工場で製作、現場で組み立てるプレキャストパネルを使用するようになった。彼の好きな石は表現豊かで耐久性があるが、高価で重く加工が難しい。そこで、彼は石の魅力を活かした石植えのパネルを考案したのだ。それは1952年、マルセイユのユニテ・ダビタシオン(集合住宅)の内外の壁で試みられ、本館と同時期に完成したラ・トゥーレットの修道院でも用いられている。この石植えパネルの印象は、近づいて見ると日本の玉石洗い出しに似ているが、遠目には独特なテクスチャーを見せ、大きな壁面に表情を与えている。

　ル・コルビュジエは外壁のプレキャスト工法は日本では無理だと考えていたが、坂倉が可能だと答えて、この案になったと聞く。前川は銀行で、坂倉は百貨店で、ともにビルの外壁でプレキャストパネル工法の経験があった。埋め込む石の選択は、実施設計の初期には、すでに決まっていた。土佐の青石を含む数種の石をモルタルに埋め込んだ実物見本をつくり、カラー写真を撮ってル・コルビュジエに送り、彼が土佐の青石を選んだと聞いていた。当時は、その40cm角ぐらいの実物見本が数枚、坂倉の事務所に保管されていた。

　石植えパネルの製作は、前川の設計したパネルを施工した経験がある湊建材工業の工場で行われ、ル・コルビュジエの「明るい色の小石を表面に蒔いて、振動によって中ほどまで埋め込まれる」という設計説明書の指示に従って製作された。

　この石植えパネルには、その後、問題が発生した。パネルにしみ込んだ雨水が凍って膨張し植えた石をはじき出すという現象だ。様々な改善が試みられたが成功せず、結局、1994年に全部のパネルが石を安全に固定したパネルに交換された。桂浜に土佐の青石がなく、創建時のものに近い色調のフィリピン、パナイ島イロイロ州の石が用いられた。

本館の外壁パネルをつくる

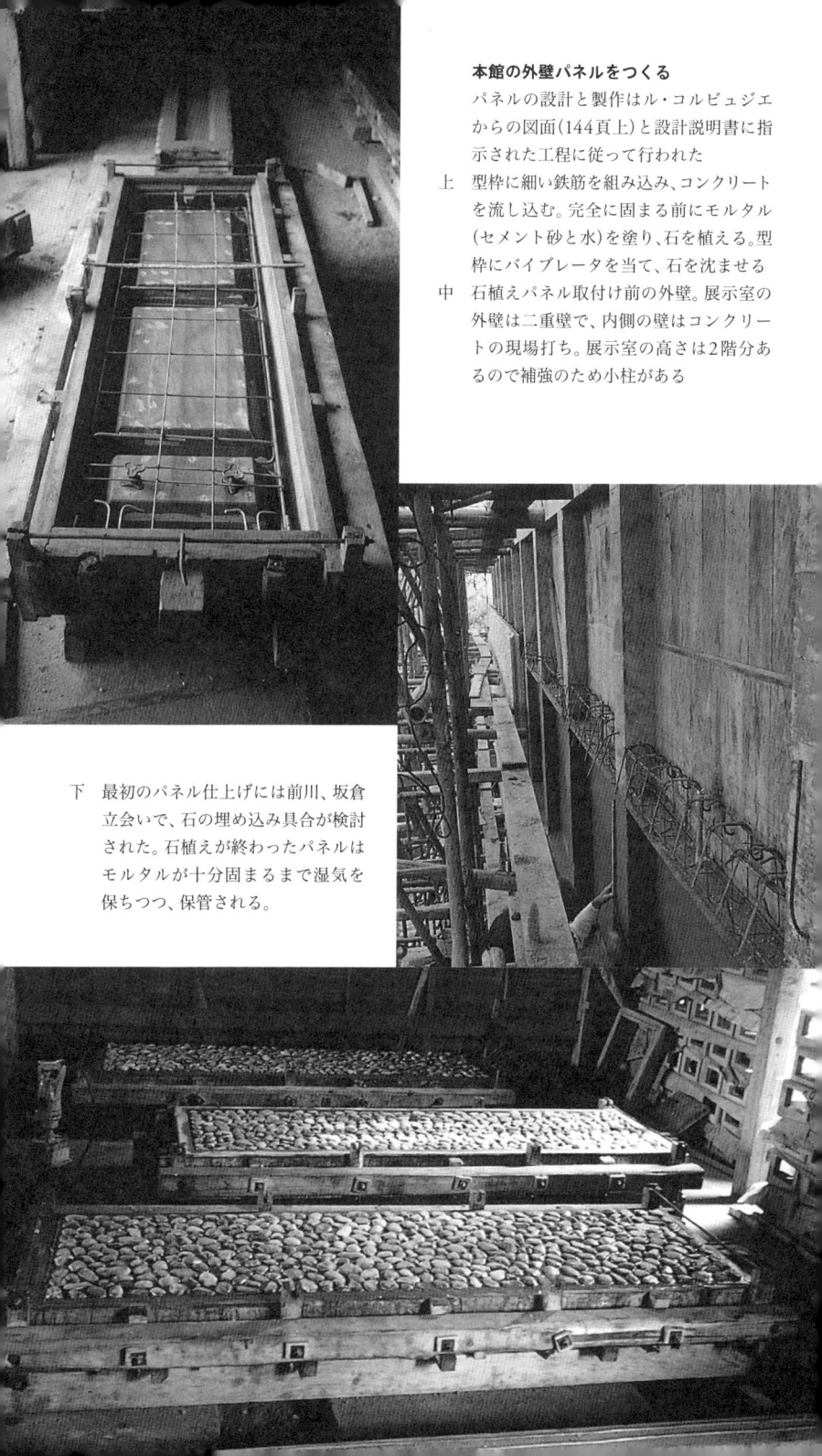

パネルの設計と製作はル・コルビュジエからの図面(144頁上)と設計説明書に指示された工程に従って行われた

上 型枠に細い鉄筋を組み込み、コンクリートを流し込む。完全に固まる前にモルタル（セメント砂と水）を塗り、石を植える。型枠にバイブレータを当て、石を沈ませる

中 石植えパネル取付け前の外壁。展示室の外壁は二重壁で、内側の壁はコンクリートの現場打ち。展示室の高さは2階分あるので補強のため小柱がある

下 最初のパネル仕上げには前川、坂倉立会いで、石の埋め込み具合が検討された。石植えが終わったパネルはモルタルが十分固まるまで湿気を保ちつつ、保管される。

いろいろなガラス面

上 **大窓のガラス引戸** 本館の4面にある大窓。来館者は外の景色から自分の位置がわかる。サッシはモデュロールによって6区画に分割。上段の中央と下段の両側が上から吊られた大ガラスの引戸

下 **サヴォア邸のガラスの引戸 1931** ル・コルビュジエとピエール・ジャンヌレ。2階庭園に面した居間の大ガラス引戸。モデュロールに近い4.7×2.9mの黄金比。手動ハンドルとサッシに仕込まれたチェーンで開閉。当時の建築家たちは住宅設計で大型ガラスの開閉を競った

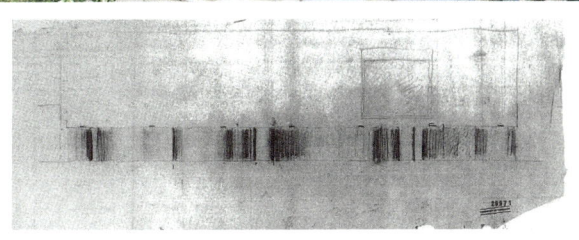

上　**律動ガラス面** 本館1階管理部門に用いられた。北西側の一部（下のスケッチ参照）

中上　**律動ガラス面のスケッチ** ル・コルビュジエ。本館北西側。原設計では、これに基づいて縦ルーバーの間隔をモデュロールで割り付けた

中下　**律動ガラス面の換気扉** 所々に設けられた換気扉の仕掛け（国立西洋美術館設計事務所）

下　**ラ・トゥーレット修道院 1960** ル・コルビュジエ。食堂の律動ガラス面

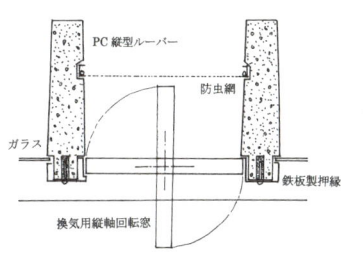

近頃の建築はガラス張りが多い。家の中でもサングラスを掛けたくなるような建物と違って、ル・コルビュジエは常に、室内を快適にするためのガラス面の研究を続けてきた。1920年代には水平連続窓を主張、1930年代には全面ガラスを試み、1950年代にはガラス面の前にブリーズ・ソレイユ(日除け格子、108頁参照)を加えた。

　本館でも、当時、日本では例を見ない玄関のサッシュレスのガラス面と大窓のビッグサイズの二重ガラスを指示。これはフランスのサン・ゴバン社から輸入された。両方とも日本の風圧基準などのデータを送り、サン・ゴバン社で設計されたものだ。

　もう一つは1階の管理部門、収蔵庫の外周に用いられた律動ガラス面(オンデュラトワール＝波動窓)だ。これはラ・トゥーレットの修道院の設計で考案された。リズミカルに並んだプレキャストされた縦型ルーバーの間にガラスを入れたものだ。このガラス面の視覚的効果は、日本の連子窓と似て、眩しさを抑え、景色は見えるが室内の領域感は保たれる。しかし、連子と違い防犯には無力だ。

　律動ガラス面は固定なので、所々に換気扉(アエラトゥール)が設けられている(同様な扉は展示回廊の大窓にもある。69頁参照)。春、秋には有効な換気扉だが、庇もなく、開いた状態が目立たないので、閉め忘れて雨が吹き込むのが大きな欠点だった。日本の伝統である庇、竪格子、引き違い戸の組み合わせの方がはるかに勝る。しかし、最近の日本では、この伝統を捨て、窓を固定して24時間、機械換気を前提にした建築が多いが、現実には節電のため止められていて、カビが大発生している。彼の換気への関心には学ぶべきだ。

　ル・コルビュジエはガラス面の眩しさ、熱の問題などを解決するため、ガラス面の前にブリーズ・ソレイユを置いた。本館の大窓にも、それに近い工夫がある。大窓の周囲には四角いRCの枠があり、2層分の高さがあるガラス面に対して、その中間の高さに中3階の床が接し開口部を2分している。これが全体として、ブリーズ・ソレイユと同じ働きをしているのだ。これはル・コルビュジエの展示空間への太陽光の射し込みを少なくする工夫だ。

上　**本館エントランス** 創建時。日本では当時まだ見られなかった、強化ガラスの補強ブラケットによるサッシュのないガラス面。フランスのサン・ゴバン社からの輸入品。透明感のあるガラス面越しにピロティが見える

下左　**ラ・トゥーレットの修道院 1960** ル・コルビュジエ。RCの窓枠に直にガラスを入れた廊下の窓のデザイン。明るさを抑えながら全体を見渡せるアイディア。モデュロールによる分割

下右　**救世軍本部 1933** ル・コルビュジエとピエール・ジャンヌレ。パリ最初の全面ガラス(窓なし)の空調ビルだったが成功せず、1948年の改装でル・コルビュジエはブリーズ・ソレイユ(日除け格子)と開閉窓を付加した

外階段は彫刻

上 **本館2階正面テラスと外階段** 3本の板柱に支えられたテラス
下 **本館公園側外階段** RC打ち放し面の稜線が各所で1点に集まり、純粋な立体と立体の関係を示している。1997年、この階段下に倉庫が新設された（次頁下左参照）

上左　**本館正面外階段のつなぎ部分** テラスと階段のつなぎ部分には純粋な立体の結合が見られる

上右　**本館正面テラス下** 心地よい日陰。正面は前川國男設計の東京文化会館

中　**本館2階正面テラス** 気持ちのよいスペースだが管理上の都合から使用されていない

下左　**本館公園側外階段** 原設計では講堂のための階段であったが、管理棟が増築されたため現在は使用されていない。一つの彫刻である階段の下に倉庫(黒い部分)が新設された

下右　**本館公園側外階段のつなぎ部分** こごにも純粋な立体の表現

本館には二つの外階段がある。一つは正面にあるテラスの階段。もう一つは公園側にある階段だ。現在の外階段は両方とも免震化工事のため、一度壊された後、復元されたものだ。この二つの外階段は柵が置かれていてのぼれない。正面の外階段は2階展示回廊の臨時出口として、展示回廊と庭との回遊が予定されていた。しかし、テラスへの出口が重いガラス引戸であること、空調上の問題、テラスのベンチ、手摺が安全の面で不安があるなどの点から実現していない。公園側の外階段は増築予定だった講堂の出入口だが、現在は、その位置に管理棟が増築され、階段は非常階段の機能を受け持つのみになっている。この二つの階段をどうするかが今後の課題だ。

　正面の外階段はせめて、中間期だけでも利用したい。このテラスは前庭を見渡せる心地よい場所だ。係員の配置、ガラス引戸の改造などが必要だ。回遊については半券の利用やバーゲートなどの方法もある。公園側の外階段は死んでいる。これを活かすには原案通りに講堂を建てるよりほかない。

　二つの外階段は、問題を抱えながらも、半世紀を耐えてきた。ル・コルビュジエは、この階段を造形的にも必要なものと考えたに違いない。この階段は本館にとって必要な彫刻なのだ。これがないと本館は寂しい箱になってしまう。近づいて見よう。コンクリートの手摺壁、階段、それを支える板柱。すべての要素が純粋な形を保ちながら接している。太陽の影が出ると、まさに一つの彫刻だ。

本館正面テラスを支える板柱の復原 免震化工事のため一度壊され、後に復原された。その際、ル・コルビュジエの造形を示す板柱の断面形が改変された。この部分の原型は、正確に柱の厚さを直径とする円弧だ

次頁の創建時1階平面図説明 1.入口, 2.ポルティコ, 3.ホール・切符売場, 4.複製品売店, 5.クローク, 6.待合, 7.展示室への階段, 8.地下への階段, 9.19世紀ホール入口, 10.図書室連絡口(予定), 14.搬入口, 16.事務室(原案は展示工房), 17.リフト, 18.収蔵庫。(5頁の現1階平面と比べると改修部がわかる)

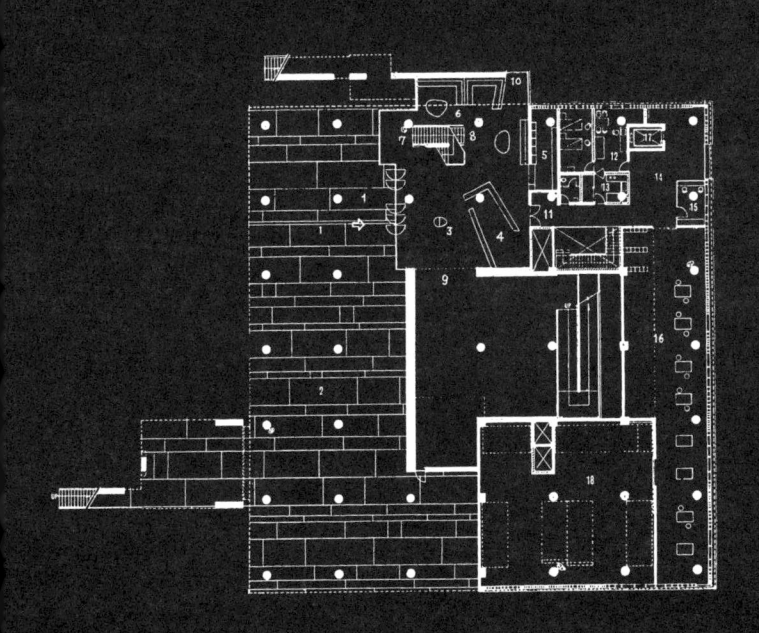

空間ガイド——2
ピロティから19世紀ホールへ

　前庭を散策したら本館に入ろう。ピロティから玄関ホールを通って19世紀ホールへ。そこからスロープをのぼって展示回廊へと誘われるのが、ル・コルビュジエの言う「歩いて感じる建築」だ。
　「19世紀ホール」とは、この中央ホールにル・コルビュジエが与えた呼び名だ。それは、彼がこのホールに予定していた19世紀の栄光を讃える壁画に由来する。しかし、その壁画は実現されず名前だけが残った。もっとも、この美術館のスタートが19世紀に台頭した印象派の絵画だったことから「19世紀ホール」という呼び名でも良しとする考え方もある。ここでは19世紀ホールの光と空間、その発想の源と「歩いて感じる建築」を検証しよう。

カット／創建時の1階平面図(国立西洋美術館設計事務所)説明は前頁下

ピロティ

上　**本館ピロティ**　創建時のピロティ部分は増築により室内化され、アーケード状になった
下　**ピロティ床の伸縮継手**　免震化された本館と前庭の間の溝蓋が地震時にせり上がる

[上]**アーメダバードの美術館 1958** ル・コルビュジエ。このピロティの天井高も柱間隔も本館と同じだが、建物が1スパン大きいため正倉院の高床のように頭を下げたくなる。左側は屋根のない中央ホールと池

[中]**本館ピロティのコーナー柱頭部分** 外壁を支える梁の構造を見せて天井を分離し、力強さを表現。ピロティの天井高は2m96cm。柱間隔は6m35cm

[下]**チャンディガルの美術館 1968** ル・コルビュジエ。このピロティの天井高は2m96cm。柱間隔は7m。建物の一辺が本館より10m大きい。頭がつかえる感じだ。梁を見せた天井。右側は広場

本館のピロティは増築によって、前庭から見える列柱の姿だけになってしまった。創建時のピロティは奥行きがあり、心地よい空間だった。現在、そこには駅のような切符売場や増築された地下へのエレベータができて、ピロティはなくなったような状態だ。

　ピロティの円柱の径は、基準の43cmに10cmを加えた53cm。柱間の内法寸法は基準の5m92cmから10cmを減じた5m82cm。天井の高さは2m96cm。いずれもモデュロールだ。したがって正面から見たピロティの柱に囲まれた長方形は、ほぼ黄金比だ。実際には構造上の要求から柱径が60cmになったため、比例に若干の狂いが生じている。

　原設計のピロティ床は、前庭床とは別の、柱間を単位としたスバスチカ型の目地割だった（142頁上参照）。建物がほぼ完成し、ピロティの下に立つと、その案では前庭とピロティの空間が分断されると感じた。私は吉阪に、前庭床の目地割をピロティの中まで突っ込むよう提案。吉阪も同意見で、ル・コルビュジエと相談し、この変更案が実施された。

　創建時の玄関ホールは卵型の切符売り場、売店カウンター、クロークが、バランスよく配置されていた。待合のベンチ群は吉阪が原設計の平面にしたがって現寸を描いた家具で、座面は鮮やかなグリーン。ル・コルビュジエらしい心地よいコーナーだったが、今はない。

左　**実施設計図 庭園計画** 国立西洋美術館設計事務所。モデュロールによる前庭とピロティ床の目地割。前川、坂倉、吉阪の署名（製図 藤木忠善　1959年1月）
右　**玄関ホールの切符売場** 原設計による二人が入れる卵型の可動ブース。行列が長くなり、開館後、間もなく中止に。その後、箱型の移動式切符売場が門近くに置かれ、前庭が有料ゾーンとなる

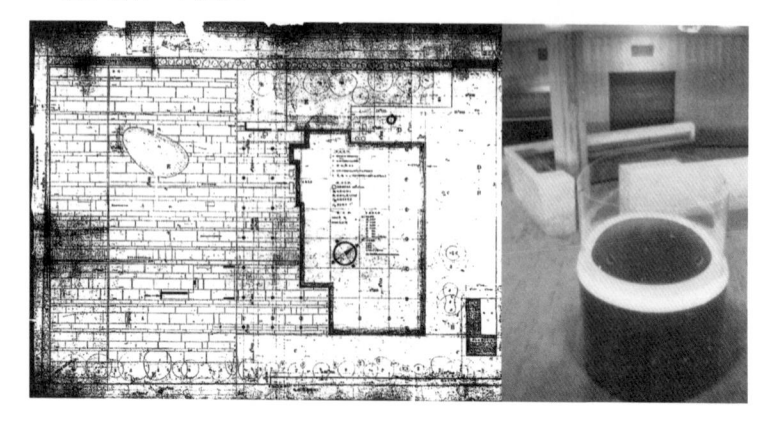

44

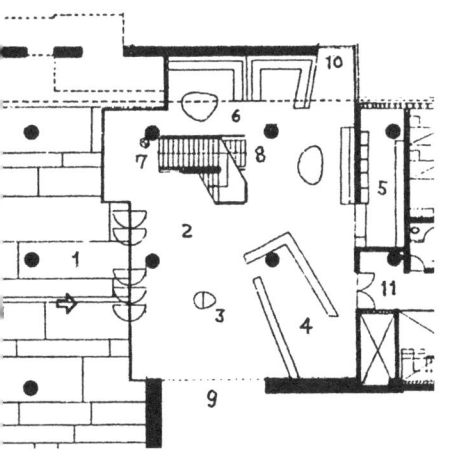

上 **創建時の本館ピロティ** 彫刻が置かれ、来館者のくつろぎの場

中 **本館玄関ホール平面図**（創建時）
1. 入口 2. ホール 3. 切符売場 4. 書籍、複製品売場 5. クローク 6. 待合所 7. 展示室への階段 8. 地下トイレ、公衆電話への階段 9. 19世紀ホールへ 10. 図書室連絡口（予定） 11. 管理部門へ

下 **創建時の玄関ホール** 左奥に19世紀ホール。ガラス越しにピロティが見える。天井は吉阪案の青色だったがピロティと同じ白色に。売店カウンターは天然木の指定だったが、予算不足からRC、白大理石張りになり違和感があった。手前は待合所のベンチ

19世紀ホールとは

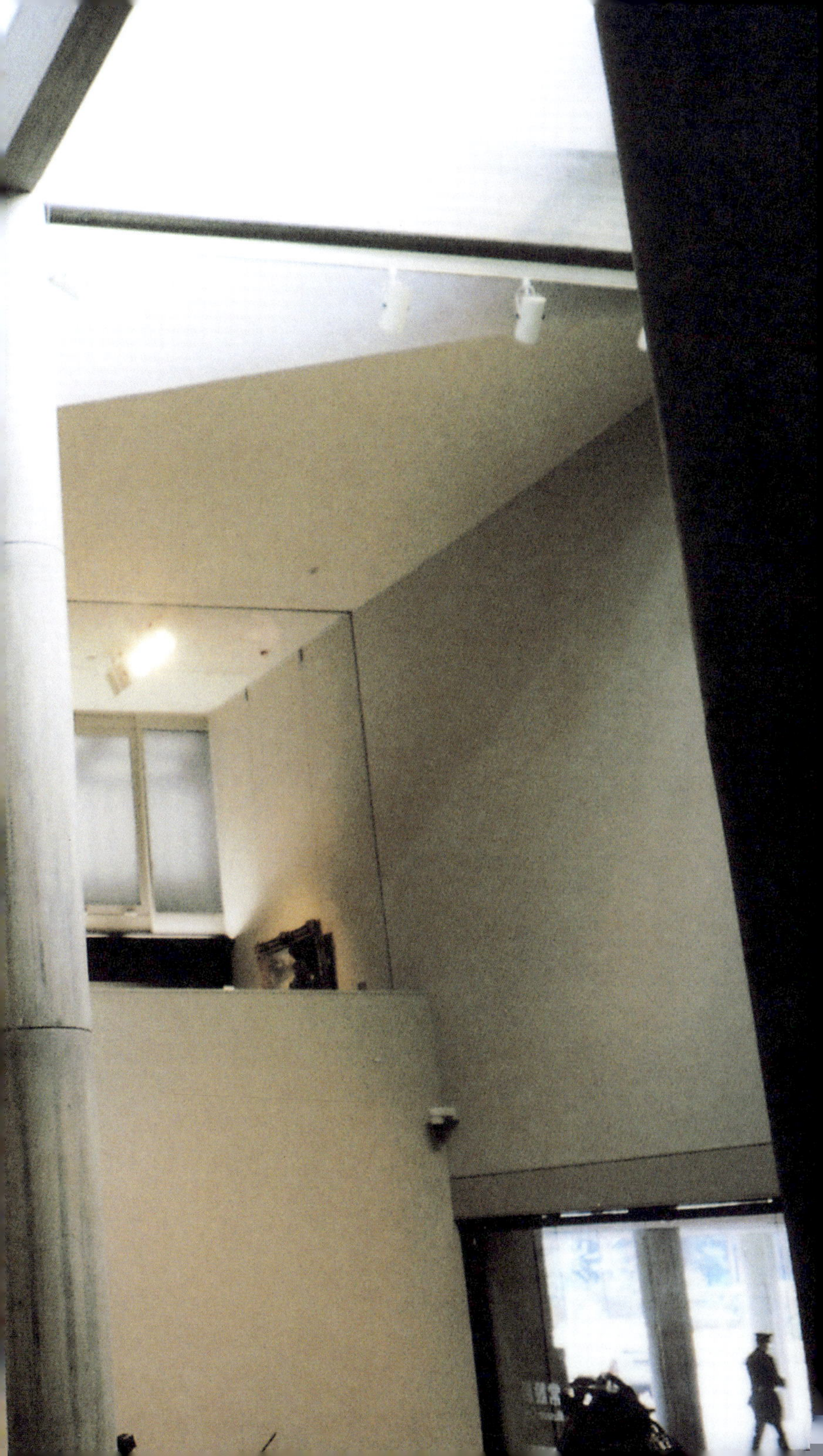

本館の玄関ホールには二度にわたり増築された展示室の、すべての来館者が集中する。それを処理するために改変がなされ、創建時の面影はない。いったん、入館してしまうと、肥大化した売店（これは世界の美術館共通の問題だ）の賑わいに気をとられて、19世紀ホールの存在さえ気付かない来館者が多い。それは玄関を入って直ぐ右側だ。
　このホールの形式は1936年の「現代美学センター」で完成されていた。スロープと全面採光天井である。ところが、本館のホールは横向きの天窓から穏やかな光が降る静謐な空間だ。ル・コルビュジエが若い頃、ティヴォリのアドリアーナ荘の神殿で見た光がロンシャン礼拝堂の採光のヒントになったというが、19世紀ホールも同じではないのか。彼は視力が弱いため、光に対して、私たちにはない特別な想いと鋭い感覚を持っていたのではないのか。このホール独自の絞られた天窓と床に埋め込まれた照明にも、それが感じられる。
　彼はこのホールに印象派絵画が描かれた輝かしい19世紀を写真壁画によって表現し、その中に、主要な絵画を展示する予定だった。それは実現されず、臥龍点睛を欠くことになった。
　ル・コルビュジエは、このホールの床を石にしたかったが予算がなく、日本側のクリンカータイルの案を彼は渋々承認した。その後、クリンカータイルでは粗末すぎるという理由から、採用された特別に焼かれた茶色の粗面タイルは、明る過ぎて目地が目立ち違和感があった。とても石には敵わなかった。

前頁　**19世紀ホール** 天窓から光が降る。玄関ホール、2階の展示回廊とバルコニーが同時に見える。ル・コルビュジエの壁画（54頁参照）があればバルコニーはS席だ

下　**パリ万博新時代館 1937** ル・コルビュジエ。写真壁画を用いてパリの現実と希望を表現した展示。この新時代館の順路もル・コルビュジエ得意のスロープだ。彼は、このような写真による壁画を19世紀ホールに予定していた

上 **19世紀ホールの洞窟**
ホール入口の正面は2階バルコニー下の薄暗い空間。天窓から光が降るこのホールに彼が与えた洞窟だ。スポットライトで効果的な展示が可能。1997年に壁際に間接照明スリットが設けられ、洞窟感は消失

下 **19世紀ホールの床照明**
床にある4か所の埋め込み照明。予定されていた壁画、彫刻のための照明。床面は強化ガラス。効果が少なく、現在は使用されていない

スロープをのぼる

左頁　**19世紀ホール** スロープに壁際の水平天窓から光が降る。水平天窓は右側上部に見える中3階バルコニーの中まで伸びていたが、現在は閉鎖され19世紀ホールの空間秩序を乱す結果になった(次頁下参照)

上　**19世紀ホールのスロープ** 第2の折り返し点から2階展示室入口を見る。のぼりながら19世紀ホールの景色と彫刻を楽しめる。手摺の壁はル・コルビュジエの指示で床と同じ材料が使用された

下　**チャンディガルの美術館 1968** ル・コルビュジエ。RC打ち放しのスロープ手摺とクリンカータイルの床。質素だが豊かな気分になるのが不思議

スロープと階段はル・コルビュジエの言う「歩いて感じる建築」の主役だ。なかでもスロープは階段と違って、あまり足元を気にしないで、景色を見ながら歩けるという点で優れている。したがって、彼の作品にはビルでも住宅でも、そのほとんどにスロープがある。

　本館でもスロープが主役だ。19世紀ホールから2回の折り返し点を経て展示回廊に至る。彫刻を観賞したらスロープをのぼろう。一回目の折り返し点からはホール全体が眺められる。二回目の折り返し点には西側の展示回廊へのショートカットの階段がある。スロープをのぼりながらホールの空間を楽しみ、最後は天井が2m26cmの低い空間だ。そこをくぐって天井の高い展示回廊を巡る。

　ル・コルビュジエはこのスロープも19世紀ホールの床にも石を張って、その粗い面に水平天窓の光が落ちて微妙な肌の輝きを見せることを期待した。石は特製の粗面のタイルに変わったが、目地はル・コルビュジエの指示通り、遠近を強調するように床の目地がそのままスロープの手摺壁にのぼっていくようにタイルが張られている。

　スロープをのぼると上方に暗い中3階のバルコニーが見える。創建時には、水平天窓がその中まで伸びて空間が連続し、外壁の大窓からの光も加わって明るかった。バルコニーが倉庫になり、壁ができて大窓の光が遮られ、バルコニーの開口の一部にも壁が立ち、19世紀ホールの空間が乱された。

本館19世紀ホールの水平天窓と中3階バルコニー　創建時には水平天窓は中3階のバルコニーの奥まで伸びていた。現在は、その天窓は塞がれたうえ、防火シャッターのため2か所の小壁が立てられ、空間の連続性が断たれた。創建時には、横引きシャッターが採用され小壁はない（50頁写真の右上部分参照）

上 **本館19世紀ホールのスロープ** 第2折り返し点には階段があり、回遊性を高めるため、展示回廊(西側)へのショートカットになっている

中 **アーメダバードの美術館 1958** ル・コルビュジエ。中央ホールスロープ。ホール中央は屋根がなく、採光とともに周囲のピロティからの空気が上に抜け換気に役立っている。スロープで2階展示室にのぼる

下 **繊維業協会ビル 1954** ル・コルビュジエ。主階である2階に直接のぼるスロープ。正面はインド、アーメダバードの強い日差しを遮るため、ガラス面の前にRCのブリーズ・ソレイユ(日除け格子)が立てられている

誰か壁画を描いて

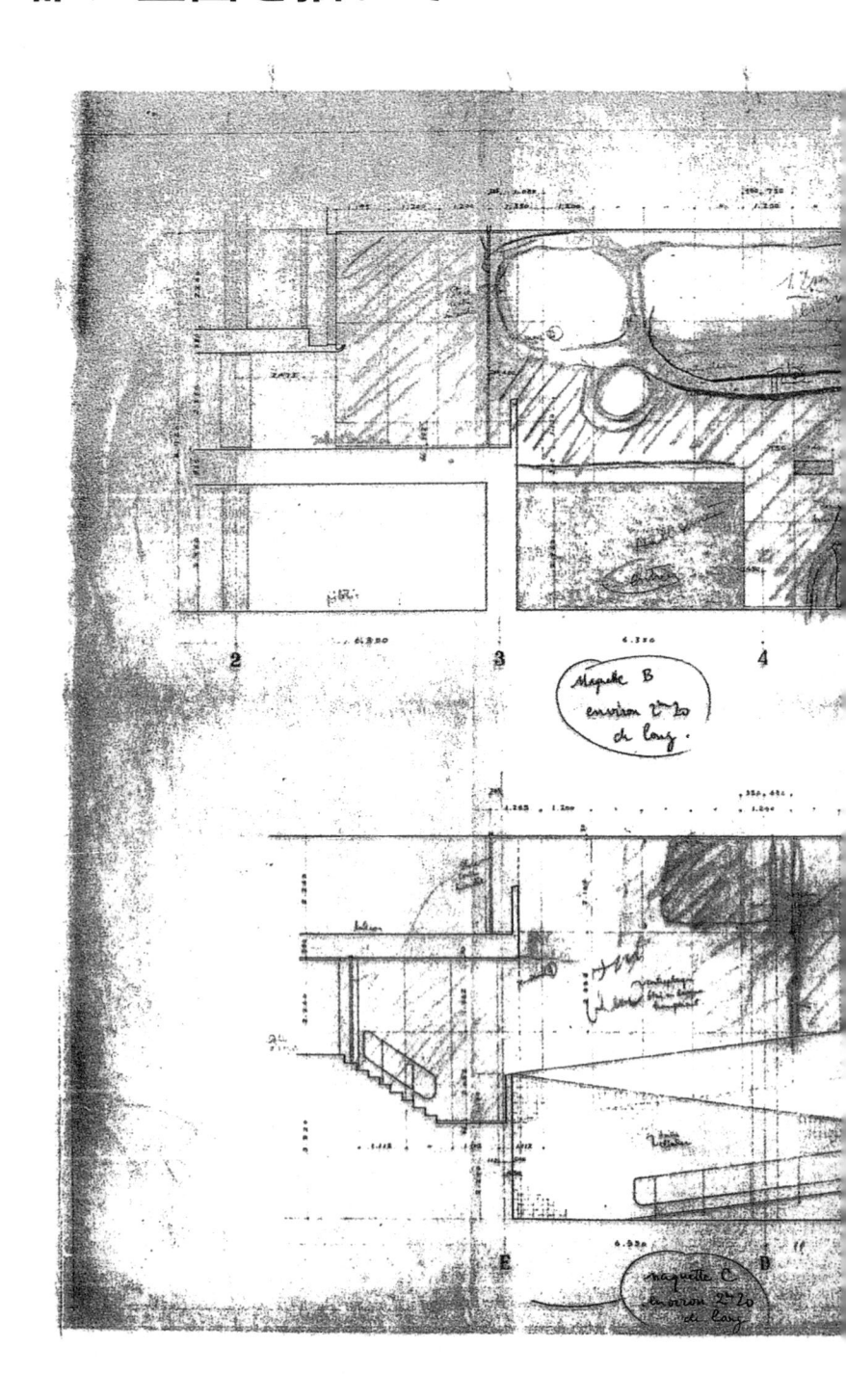

19世紀ホール写真壁画のデッサン 1958年9月に日本から送られたホール展開図（西、北）の上にパリのアトリエで描かれたもの。展開図の右下に現場施工図のスタンプ（三本線とMuToの文字）とT. Fujiki（藤木忠善）のチェックサインが見える

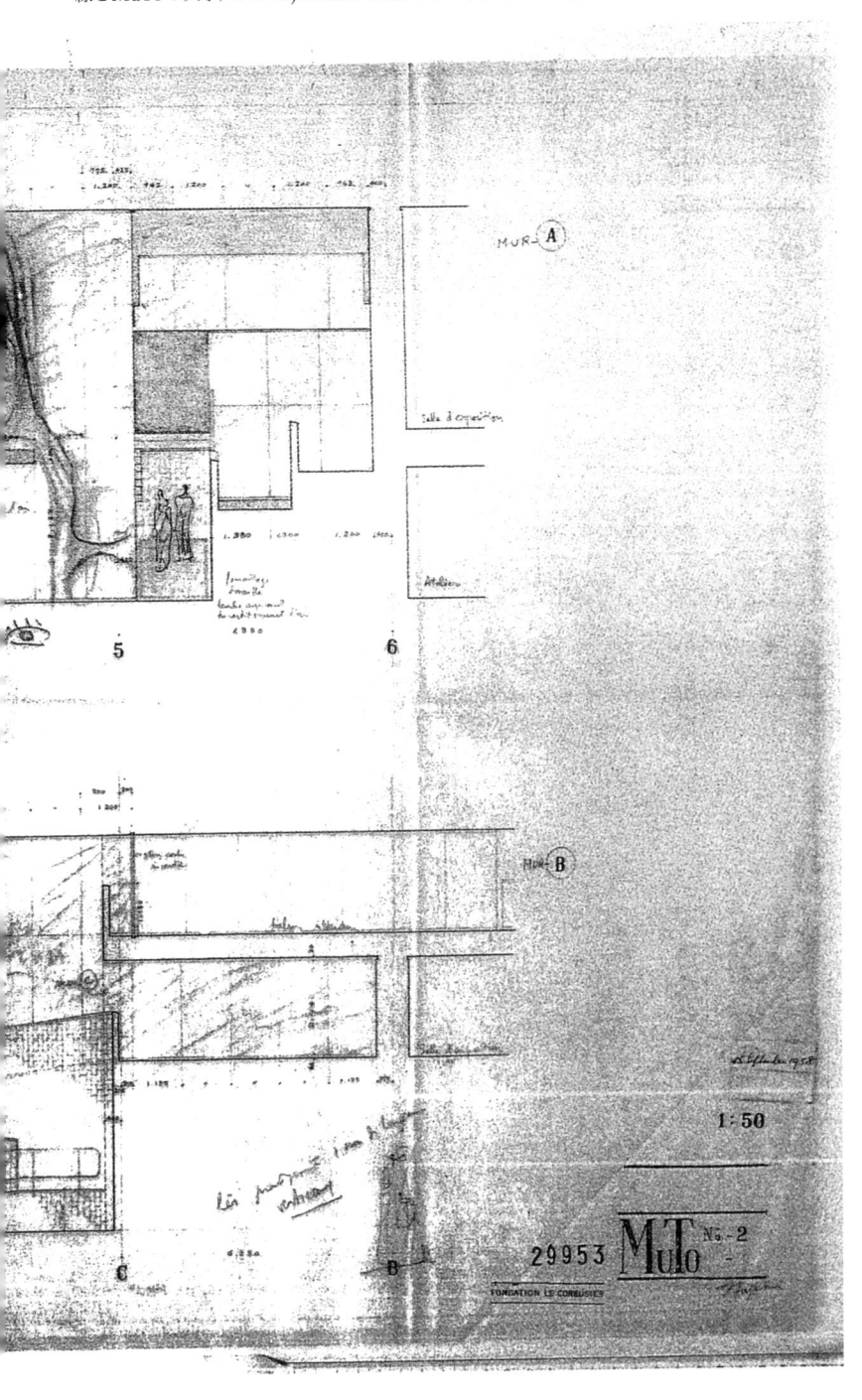

ル・コルビュジエは19世紀ホールの壁画について、システィーナを喩えに出すほどの想い入れがあり、19世紀の哲学、文学、芸術、科学技術の偉大な業績を写真壁画で表し、印象派作品が制作された当時の環境の中に主要な絵画とロダンの彫刻を展示する考えだった。彼が写真壁画の例として挙げたのは、スイス学生会館、パリ万博の新時代館だ。彼は設計説明書に写真壁画の仕上げについて、合板に印画紙を貼る方法と感光液を塗布した硬化プラスター板に写真を焼付ける方法を指示していた。日本側は前者の方法で工事を進めたが、彼の具体案が遅れていることから、壁の材料も、壁画なしも想定して写真下地用合板のビス止から合板の塗装仕上げに変更された。

　壁画の詳細は吉阪が催促したが到着せず、予算追加の時期を逸し、見送られた。ル・コルビュジエは1959年3月の竣工後、壁画費用を募金で集め8月の実施を提案。6月の開館後、彼は工事の確認と企画巡回展示館の位置決定を兼ねて10月の来日を希望。日本側は対応しなかった。企画巡回展示館予定地には前川國男設計の東京文化会館が着工していた。

　19世紀ホールの大空間は彫刻の展示だけでは、いかにも退屈だ。何とかして別の視点から壁画を実現したい。スポンサーを探し、期間限定イベントとして、新しいテーマで国際コンペをして、若い芸術家に描いてもらえば、ル・コルビュジエの願うところではないのか。そうすれば真の19世紀ホールの空間が初めて姿を現わすのだ。

19世紀ホール写真壁画の透視図 担当のメゾニエの下図をル・コルビュジエが仕上げて、本館の建築工事の完成直前に日本に送られた透視図。日付は1959年2月12日

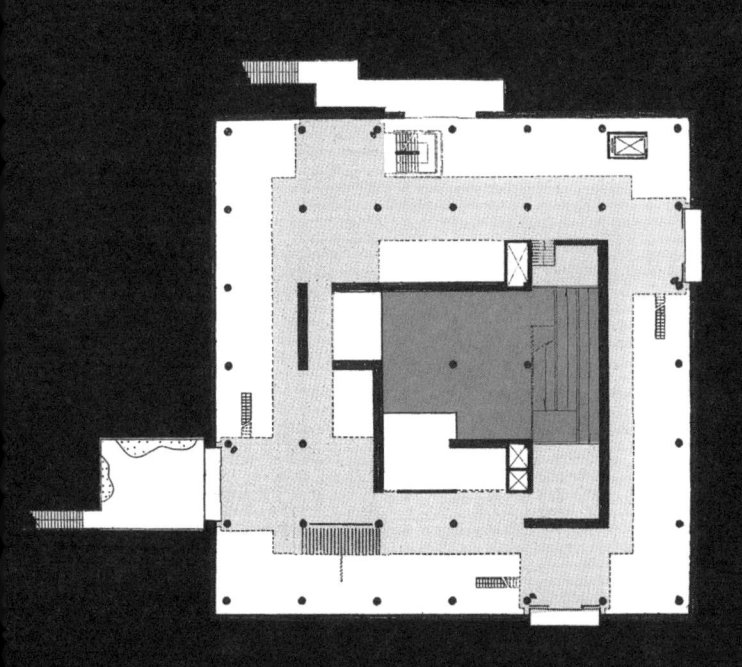

空間ガイド——3
展示回廊を周遊する

　本館2階は、この美術館のメインフロアーだ。展示回廊が19世紀ホールを囲み、それを大窓のある休憩スペースとバルコニーがスバスチカ型に分けている。四角い螺旋型美術館の基本構成だ。

　展示回廊は低い天井と高い天井の織りなす箱根細工のような入り組んだ空間だ。低い天井の上には照明ギャラリーがある。この展示空間の構成は、既に1940年、彼がグラン・パレで試みたものだが、そこで提案された可動展示パネルと同様なものが、原設計でも予定されていた。それは創建時に中止になって以来、実現されていない。

　展示回廊の西側にある1階から屋上に至る開かれた廻り階段は、ル・コルビュジエの「歩いて感じる建築」には欠かせないものだ。

カット／創建時の2階(展示階)平面図 薄いグレー部分は照明ギャラリー下の天井の低い範囲を示す 濃いグレー部分は19世紀ホール吹抜け(作成 藤木忠善)

廻り方は自由に

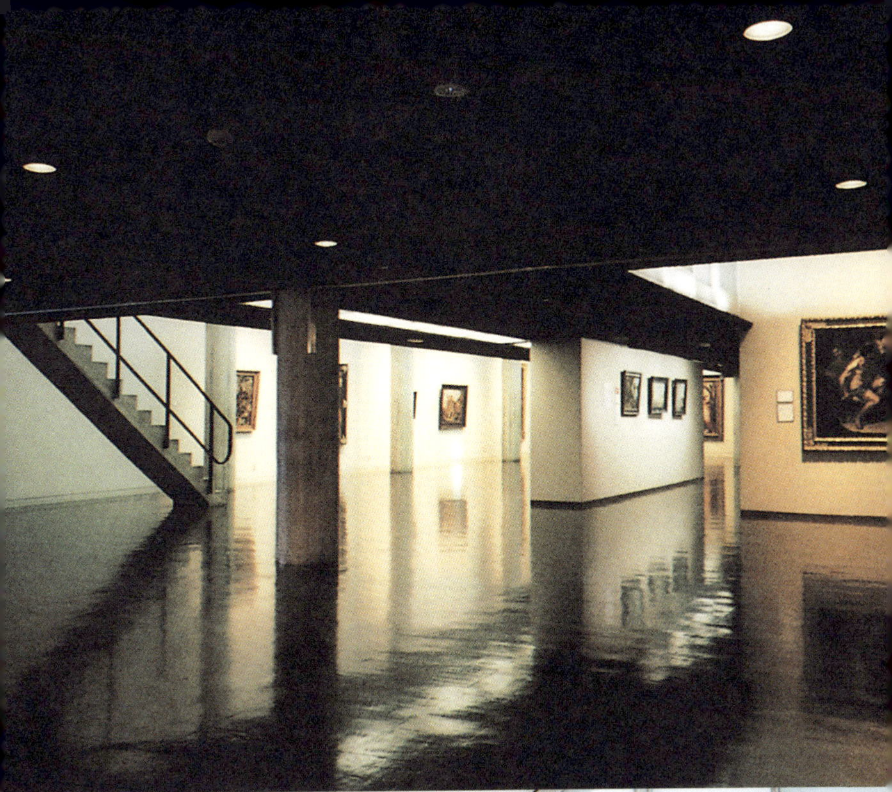

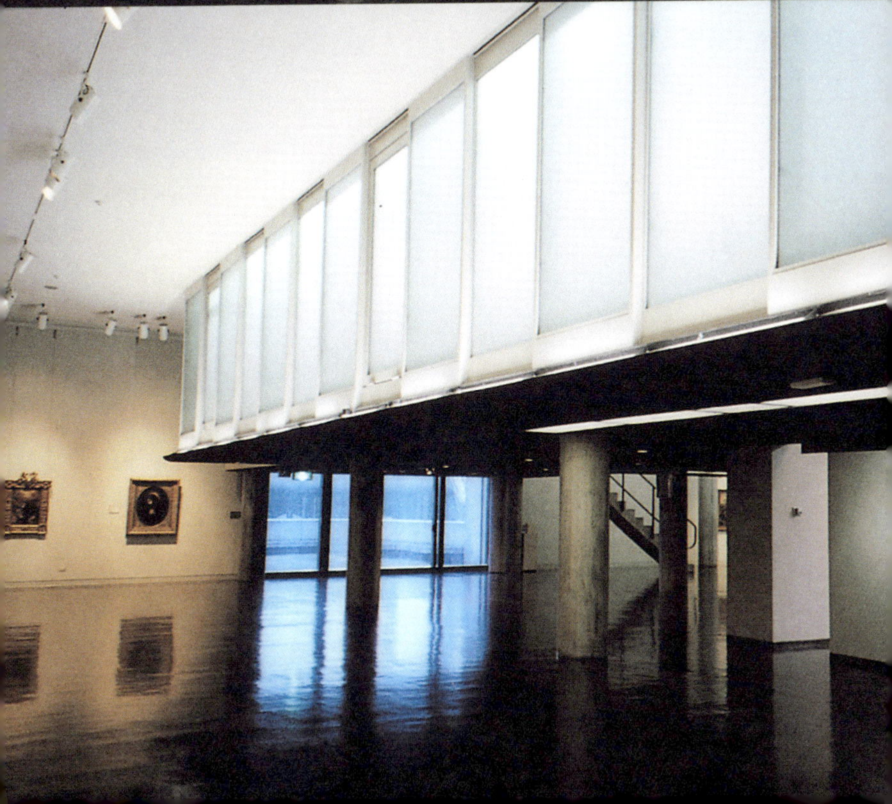

展示回廊の平面構成は規則的に見えるが、四方に開けられた大窓の景色や真ん中の19世紀ホールを囲む壁の見え隠れの変化を楽しめる。ここでは、可動展示ブースがないこと以外は、ル・コルビュジエの美術館に対する考えが実現されている。それは、均一な照明の中で、短時間で全部を確実に見られる絵の競売所ではなく、絵が飾られた光と空間の変化に富んだ人間的な空間だ。

　展示回廊の色彩はル・コルビュジエの指定通り、高い天井は白、低い天井は黒、壁は白と一部の木製仕上げ、床は黒(黒褐色で実施)に仕上げられた。展示回廊には外周の壁に沿って並ぶ円柱がある。日本側は、この柱列が自由な展示を妨げるとして変更を希望した。ル・コルビュジエは柱の間隔は十分にあり問題はない。可動展示パネルを用いて対応すればよいと回答(62頁参照)。この円柱は、展示に制約を与えたが観賞に差し支えなく、むしろ単調さが救われた。

　1994年の断熱改修の際に、外周の展示壁は既存壁面の前に新しくつくられ、壁は17cm内側にせり出した。そのため展示回廊の大窓両脇の換気扉が開閉不能になり、モデュロールも乱された。

　原設計で東側回廊の低い天井部分に設けられていたタブローテークは小さな絵画作品を収納する装置だ。来館者が自分でパネルを選び、引き出して絵を観賞する方法だ。絵を掛けたパネルが重く取り扱いが難しいため、開館後、2年で撤去された。

絵画展示用金具 茶室の花釘を大きくしたような出し入れ可能な吊り金具。反射があり後に、白く塗られた。原設計の指示で、モデュロールの140、183、226cmの3種の高さ、間隔は、それぞれ、70、86、113cmで壁に埋め込まれた。額の大きさの違いに対応できず、補助にワイヤーが使用された。現在は新しい展示壁になっている

前頁　**2階展示回廊を周遊する** 同じようで同じでない回廊。左上　西側展示回廊。左下　北側展示回廊。右上　南側展示回廊。右下　東側展示回廊

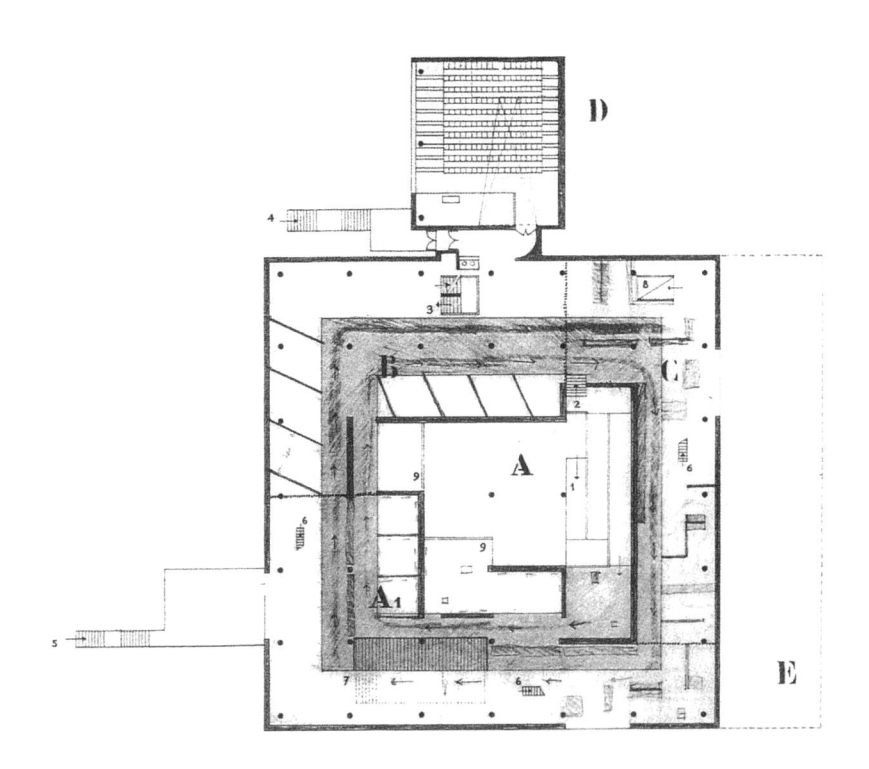

[上] **展示回廊の動線スタディ** ル・コルビュジエ。これは基本計画図5401の2階平面図に記入された案。実施されなかった可動展示パネルがある。出口は判然としないが、2回廻って両側を見て、スロープかテラスから出るのだろうか。常設展示なら廻り階段、スロープの途中から見たい絵に直行も可能。A:19世紀ホール、A1:松方コレクション、B:企画展示、C:新収蔵品展示、D:講堂、E:増築予定

[下] **タブローテーク** 東側展示回廊の低い天井部分にあった引き出し式の絵画小品の展示パネル。来館者が自分で引き出す。基本計画では2スパン分あったが、基本設計では1スパンに減らされていた。取り扱いが難しく1961年に撤去された

ル・コルビュジエの展示空間

上　**本館南側展示回廊** 低い天井（2m26cm）、高い天井（4m95cm）の変化に富んだ空間。ここは原設計で企画、巡回展に充てられた部分（143頁上2階平面図参照）で、次頁下の写真のような展示パネルが計画されていたが実現せず

下左　**ル・コルビュジエ絵画展会場 1953** ル・コルビュジエ。会場模型。パリ国立近代美術館の展示室内に高さ2m26cmの天井を帯状につくり、その下に展示のための小部屋を並べた。これは本館2階の原設計に示されたものと同じだ。照明も本館の照明ギャラリーと同じように天井の上にある

下右　**同展会場の中央通路** 天井高2m26cm。両側に展示用小部屋（内外に展示）が並ぶ。これも本館2階の原設計に示された可動展示パネルのブースと同じだ

戦前に実験されていた照明ギャラリー
海外フランス芸術展会場 1940
(パリ国立グラン・パレ美術館)ル・コルビュジエ

上　美術館の展示室内につくられた高さ 2 m 26 cm の黒く低い天井。その上に照明があり、対面する展示壁を照らす。本館の展示回廊の断面にそっくりだ

中上　展示装置の平面スケッチ。両側は展示壁。点線の間が低い天井。斜めの突出し展示パネル

中下　展示装置の断面スケッチ。本館の照明ギャラリーと同じだ。西洋美術館設計の 17 年前に実現

下　同展会場の突出しパネル。低い天井の部分から斜めに突出した展示パネル。これは実現されなかった展示回廊の原設計にある背の高い突出しパネル(グラン・エピーヌ＝大きなトゲ、高さ4.95 m)と同じだ

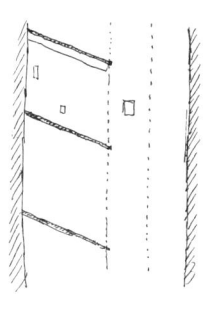

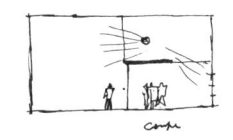

本館の凹型断面の展示回廊と可動展示パネルの原型はムンダネウムの世界博物館(10頁参照)で提案された。それは、1940年、パリのグラン・パレ美術館での展示構成で、次いで1953年、パリ国立近代美術館での展示構成で実験された。天窓の条件は違うが本館設計に先立つこと17年だ。彼が美術館設計の経験がないという日本側の疑念に、ル・コルビュジエが十分な経験があると答えているのは、この二つの展示構成での実験のことだ。

　ル・コルビュジエの可動展示パネルへの想いは強い。原設計の2階平面図に記入された副題は「可動展示パネルのある展示回廊」となっている。また、実施設計の段階で、彼はこのパネルの詳細を吉阪に連絡している。ル・コルビュジエは可動展示パネルによる小空間は休息と瞑想のために不可欠だと言う。絵との一対一の静かな対話を考えたのだろう。彼のアトリエにも自分用の独房のような小部屋があり、ここで想を練ったという。彼の別荘も同じ考えだ。可動展示パネルが見送られたのは、予算の不足と本館が松方コレクション展示の専用になったためだ。可動展示パネルによる小空間が一時的に、実現したのが1961年、本館で開催されたル・コルビュジエ世界巡回展の時だ(次頁)。彼が望んだ可動展示パネルが用意され、ル・コルビュジエの展示空間が実現される日が来ることを期待したい。

創建時の展示回廊 中3階バルコニーから見下ろした高い天井の空間。右側は照明ギャラリー

ル・コルビュジエ世界巡回展・東京 1961 『ル・コルビュジエ全作品集』の編者ボジガーが構成し、ル・コルビュジエ自身が関わった展覧会。それは2m26cm×1m13cmのパネル72枚と模型14点からなり、7カ国を経て日本へ(大阪、東京で開催)。東京展はル・コルビュジエの本館で開催

上　高さ2m26cmの展示パネルがブースをつくりながら照明ギャラリーに沿って並べられ、彼が「人間的」と呼ぶ小さな空間が出現した

中　19世紀ホールに展示されたチャンディガルのカピトル(政治中心地区)の大きな木製の模型(2.1×2.6m)

下　低い天井の側から見た展示ブース。実現されなかった原設計の展示空間が、およそ想像できる機会となった

大窓のある休憩スペース

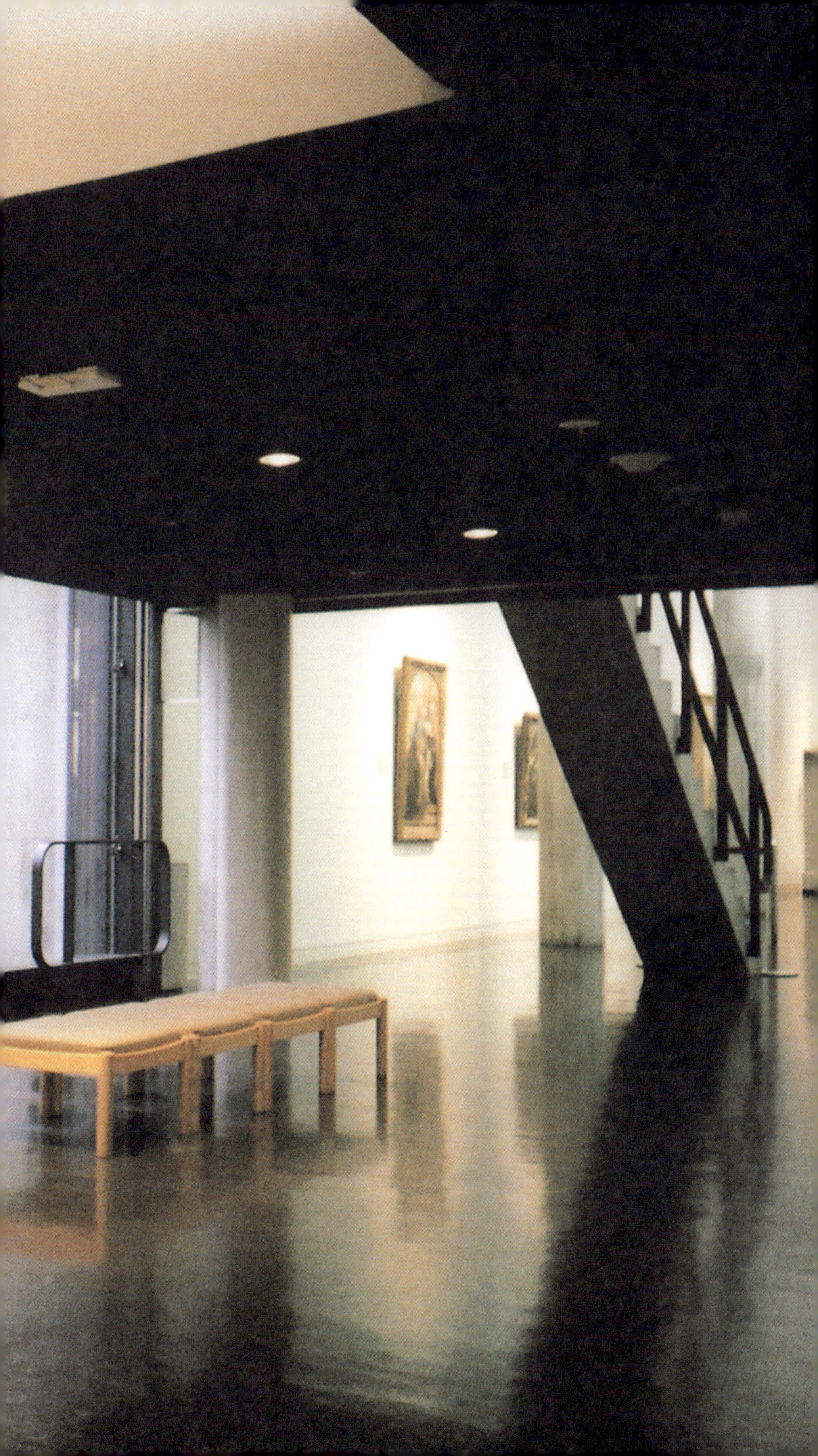

この美術館には展示室と分かれた休憩室はない。絵の観賞に夢中になった来館者は大窓の前にきて、外の景色を見て自分の位置を知り、同時にホッとして休憩する気分になる。そこはスバスチカ型に配置された中3階の下だ。大窓の明るさと2m26cmの黒く低い天井が安らぎのシグナルだ。それは正面、東側、北側の3か所にある。公園側の大窓は講堂（予定）があるため位置が異なるが、管理棟が増築されたため閉じられ、西側展示回廊には光がなく寂しい。

　正面のテラスのある大窓に紫外線防止のフィルムが貼り付けられ、外の景色がぼやけて気持ちが悪いのと、極上の気分を満喫できるテラスに出られないことと、前庭への回遊ができないのが残念だ。

　大窓のサッシュは、外壁から少し内側に取り付けられ、その両サイドの隙間に縦型の細い換気扉がある。これは律動ガラス面の換気扉、アエラトゥールと同じ考えで、春、秋の中間期には有効だったが、外壁が改修された際に廃止された。

　この休憩スペースには見慣れないものがある。それは脇に立つ円柱に添った卵型断面の配管ケースだ。これは必要な場所にトイレなどの水廻りを置くという、ル・コルビュジエの自由な平面という考え方によっている。そのために配管も自立して地上に導かれる。

　ル・コルビュジエ設計の美術館の休憩スペースには、その作家のデザインした家具を置くのが美術館としては正当だろう。ル・コルビュジエの家具は、ほとんどのタイプが今も製造、販売されている。現状の雰囲気は、いかにも寂しい。ル・コルビュジエの空間で、美術作品に囲まれながら、彼のデザインした椅子に座って休憩するのが精神の贅沢という付加価値というものだ。

前頁　**本館2階東側展示回廊の大窓**　黒い天井の高さはモデュロールの2m26cm。気持ちのよい休憩コーナー。外の景色で自分の位置がわかる

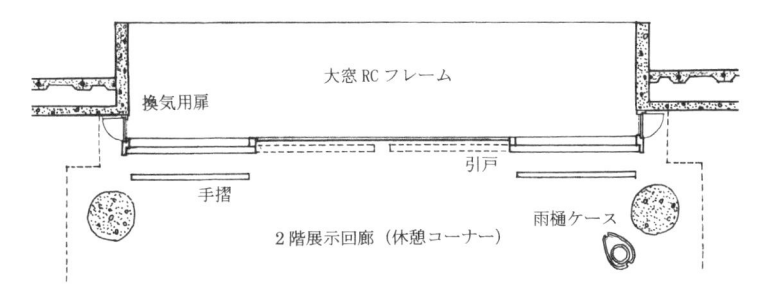

上 **本館2階展示回廊大窓の平面図(創建時)** サッシュのデザインはモデュロールで決められた。両側は引戸で開閉。ガラスは透明のペアガラス。室内側の両側面にル・コルビュジエ独特の細い換気扉がある。改修時に廃止(国立西洋美術館設計事務所)

右 **独立した雨樋のケース** 雨樋は建物の外側につけるか、内部の壁の中に入れるのが普通だ。それを室内に独立させて通し、オブジェにするのがル・コルビュジエの手法だ。卵型の断面で修理の時は二つに割れる。上階にトイレ、台所などがあれば排水管、汚水管、給水管などもケースに入れられる

下 **雨樋ケースの平面図** ル・コルビュジエ。1. RC円柱 2. 金属ケース 3. 雨樋 4. 排水管 5. 給水管。この図は原設計図の5484レベル5平面図の余白に記されたもの

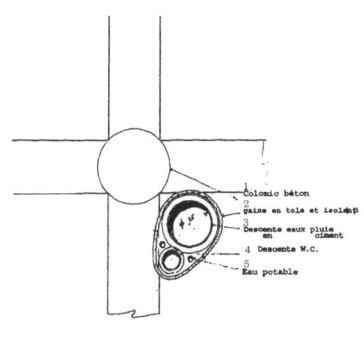

開かれた廻り階段

上	**本館2階展示回廊の廻り階段** 2001年に改修されガラスで囲われた。現在は職員専用兼非常階段
右頁上	**本館2階展示回廊の廻り階段** 創建時の開かれた姿
右頁下右	**2000年頃の同廻り階段** 階段の中心板柱の角は正確な円弧。階段各部の寸法はモデュロールで決められた
右頁下左	**サヴォワ邸 1931** ル・コルビュジエ。開かれた廻り階段(103、106、111頁参照)
下	**ル・コルビュジエ・センター 1967** ル・コルビュジエ。角型の開かれた廻り階段。彼の没後にチューリッヒに完成(122頁参照)

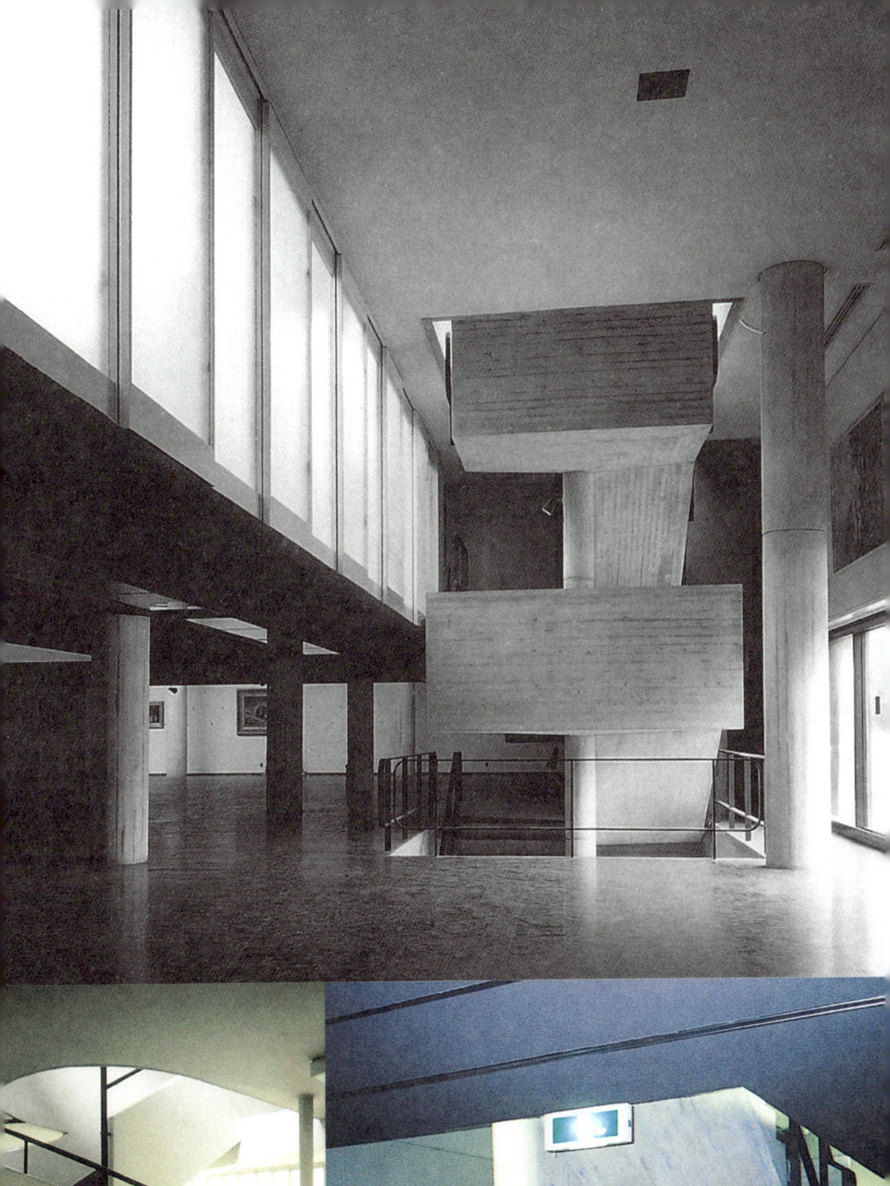

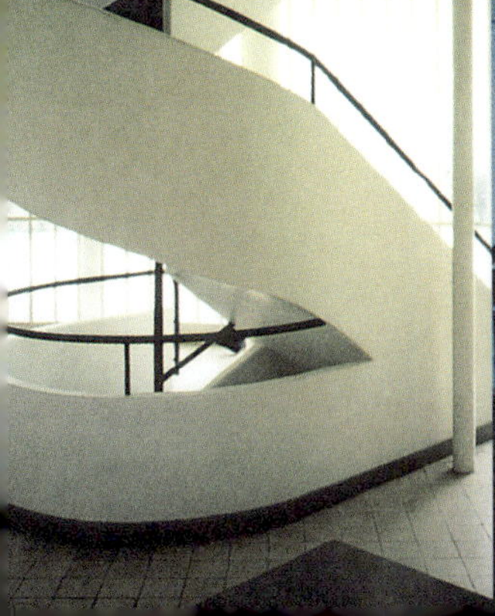

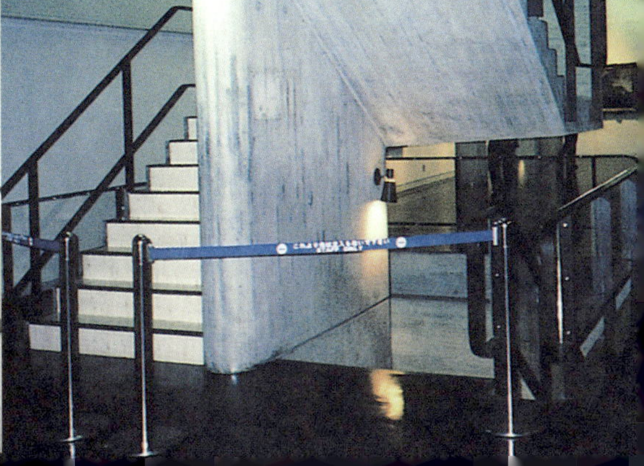

展示回廊の西側にある廻り階段は、1階玄関ホールから展示回廊、そして中3階の事務室の前を通り、屋上に至る階段だ。壁がなく開放された階段は、のぼるにつれて周囲がよく見える。ル・コルビュジエの他の作品にもこのような階段がある。彼の「歩いて感じる建築」には欠かせないものだ。西側の展示回廊から見た、この階段の姿は見事な彫刻でもあったが、1997年に、ガラスで囲われ管理専用になり、残念ながら来館者は利用できなくなった。この階段は中3階が管理事務室になっているうえ、新館に階段ができたので補助的な存在になっているが、1、2階の間は来館者も体験したい階段だ。

　このガラスの囲いがついた理由は、来館者が多いため、1階出入口の二重のオートドアが両方とも開けっぱなし状態になり、前庭からの風が2階の展示回廊まで吹きあげることだ。これは本館全体に様々な影響を与えている増築の在り方に関係する象徴的な現象だ。

　ル・コルビュジエは1階玄関ホールの面積を19世紀ホールと展示回廊を合わせた常設の展示面積に見合うように設計した。ところが、現在では、この玄関ホールは増築された新館展示室と地下の企画展示館の来館者のすべてが利用するのだ。廻り階段のガラス壁を取り外し、復原するには、先ずこの問題を解決する必要があるのだ。

螺旋型廻り階段の構造 地下から屋上まで伸びた一本の板柱からカンティレヴァーで支えられた廻り階段

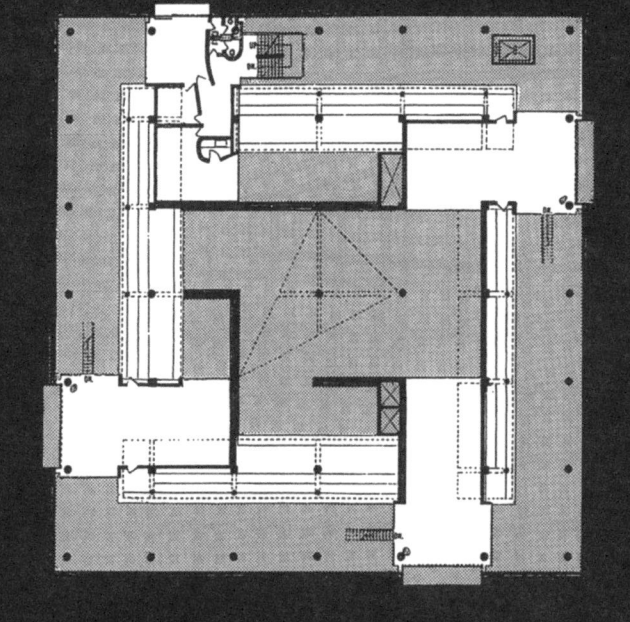

空間ガイド——4
中3階と屋上を探検する

　中3階の平面にはル・コルビュジエが目指した展示空間とスバスチカ型の関係が象徴的に表れているが、屋上とともに非公開だ。照明ギャラリー、バルコニー、旧館長室、屋上の天窓などである。非公開とはいえ中3階と屋上は、この美術館の空間構成と採光方法を理解するために是非見たいものだ。2004年、「ぐるぐるめぐるル・コルビュジエの美術館」展があり、そのプログラムとして中3階、屋上が公開された。今後も、このようなイベントが望まれる。

　中3階の中で旧館長室、事務室は、あたかも住宅のような小世界をつくっている。これも見逃せないところ。とりあえず、出来るだけくわしく中3階と屋上を紙上で探検してみよう。

カット／創建時の中3階平面図 グレー部分は吹き抜け（作成 藤木忠善）

照明ギャラリーの闘い

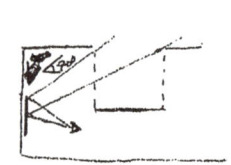

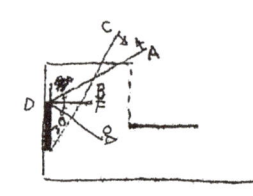

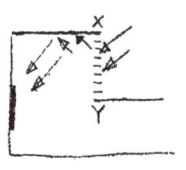

上 **日本側が送った採光方法の修正依頼状の付図** ル・コルビュジエの基本計画に対する疑問と提案。1956年12月。（左）光が絵に反射する。（中）より上部からの採光が理想。（右）現在案で実施なら照明ギャラリーのガラス引戸前に水平ルーバーが必要

左 **照明ギャラリー内部** 現在は天窓が遮光塗料で閉鎖され(写真の右上)完全人工照明
上 **展示回廊と照明ギャラリー** 低い天井の照明スリットからも光が降る。照明ギャラリーのガラス引戸は固定サッシに改修された
下 **実施設計の標準断面図** 国立西洋美術館設計事務所。工事入札時の図面。現場で材料、寸法など変更があり最終的図面ではない。原設計に加えてガラス戸上の両側に照度補助のための蛍光灯とガラス戸内側に直射光を遮るためのロールブラインドを追加。図中の屋上天窓は原設計通り半透明の網入熱線吸収波型ガラスに変更し施工された

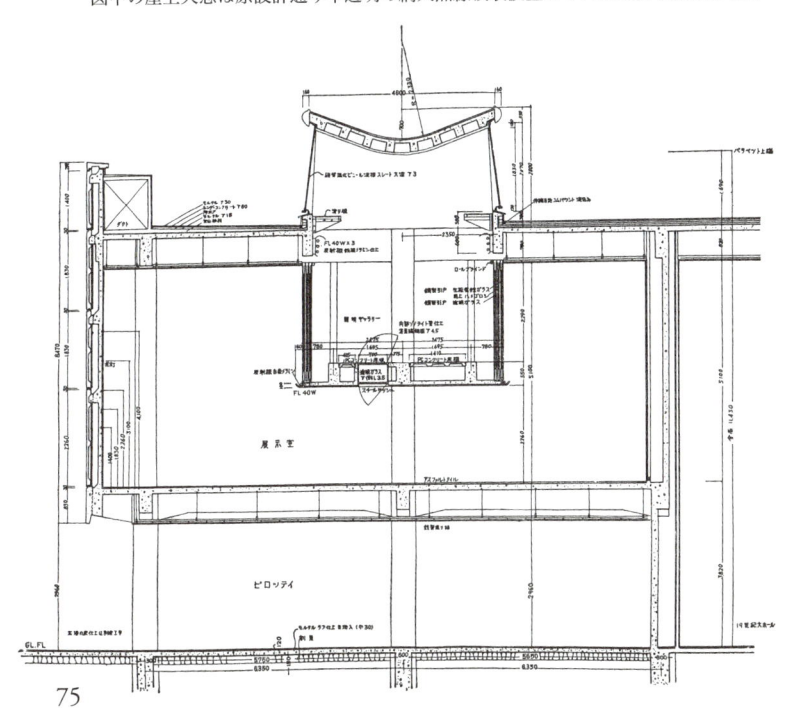

ル・コルビュジエの独創的な建築はしばしば運営者に闘いを強いる。基本計画が到着して以来、その採光方法との闘いは現在まで続いている。それは屋上にスバスチカ型に配置された天窓からの光が、その下に吊られた照明ギャラリーを経て展示室に達するという案だ。坂倉事務所の駒田知彦と村田豊は、照明学の東大教授小木曽定彰の協力を得て、この案を検討し、太陽の動きで展示室の明るさが変化すること、直射光の影響があること、絵が反射することを指摘した日本側の修正依頼書をル・コルビュジエに送った。それと前後して、村田は天窓改善案の断面透視図を担当のメゾニエ(ロンシャンの礼拝堂、アーメダバードの美術館担当)に送付したが採用されなかった。

　基本設計図は1957年4月に到着。結局、ル・コルビュジエは何も修正しなかった。やむなく、天窓からの直射光を遮るため照明ギャラリーの引戸の内側に遮光用のロールブラインドが追加された。村田は同年5月から仏政府招へい技術留学生としてパリに滞在、メゾニエと接触し日本側との連絡に当たる。彼は1958年1月にル・コルビュジエのアトリエに入り、チャンディガル美術館を担当する。

　原設計での照明ギャラリーの説明は「拡散、直接、間接、集中など照明技師がレフや投光機を操作する」とある。ベテランの技師がギャラリーの引戸を開けて、太陽の運行を見ながら絵画に向けて投光機を動かすというのがル・コルビュジエの考えではないか。

　開館後も採光方法との闘いは続き、ブラインドの改善、カーテンの設置、照度不足を補う蛍光灯の増設などが試みられた。ギャラリー内の熱の排出も大きな問題になった。一方、採光方法への助言を続けていた小木曽教授は、この美術館を失格として児童遊園にしたらよいとする論文を発表。また、建築評論家の浜口隆一、画家の益田義信などが新聞誌上で西洋美術館の性能について是非論を繰り広げた。完全人工照明、完全空調の美術館の流れの中で、本館の天窓も1997年に完全に閉鎖された。中間期でも心地よい空気の中で絵を観賞することは出来なくなった。もう一度、この本館で、天窓の自然光で絵を見る機会が来ることを期待したい。

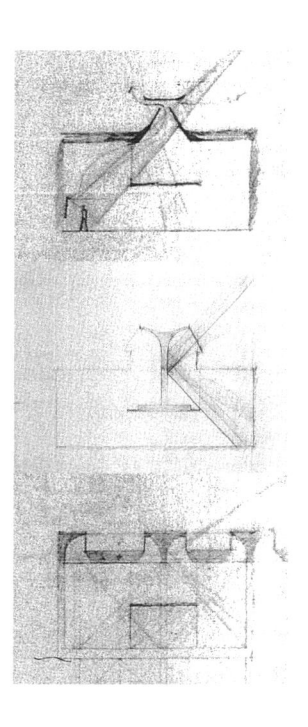

上左 **本館天窓研究**(一部) 　　上右 **創建時の照明ギャラリー** 天窓からの自然光と投光機
　　　ル・コルビュジエ

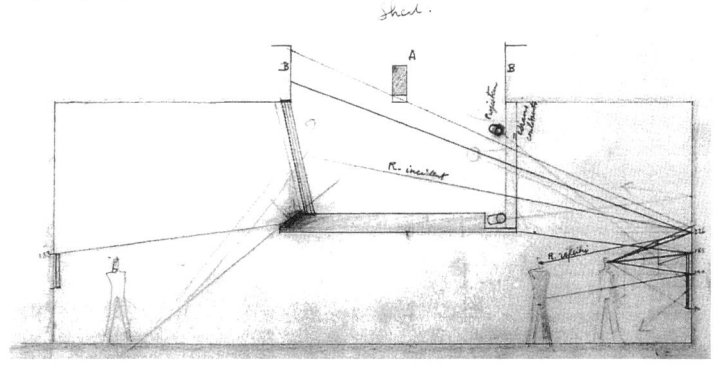

中 **採光の邪魔になる梁**
　　図中のA(天窓は省略)。1957年2月、担当のメゾニエ作成。後日、横山によって取り除かれた

下 **照明スリット** ギャラリー床の扉はスポット操作用(当初は自然光利用も)

光と空間を導くバルコニー

左頁　**本館中3階バルコニー**
展示回廊に浮かんだようなバルコニーは大窓とともに、スバスチカ型に配置されている。現在は奥が倉庫になり使用されていないので、カーテンが閉められて天井が暗くなり展示回廊の空間の連続性が損なわれている

上　**中3階バルコニー利用例** アーメダバードの美術館中3階の資料閲覧室。職員1名が常駐

中　**中3階バルコニー利用例** チャンディガルの美術館中3階の資料閲覧室。職員1名が常駐

下左　**中3階バルコニー利用例** チャンディガルの美術館中3階の小作品展示室。窓際は休憩コーナー

下右　**中3階バルコニーへの階段例** チャンディガルの美術館。安全のため木目調のカバーを掛けている例

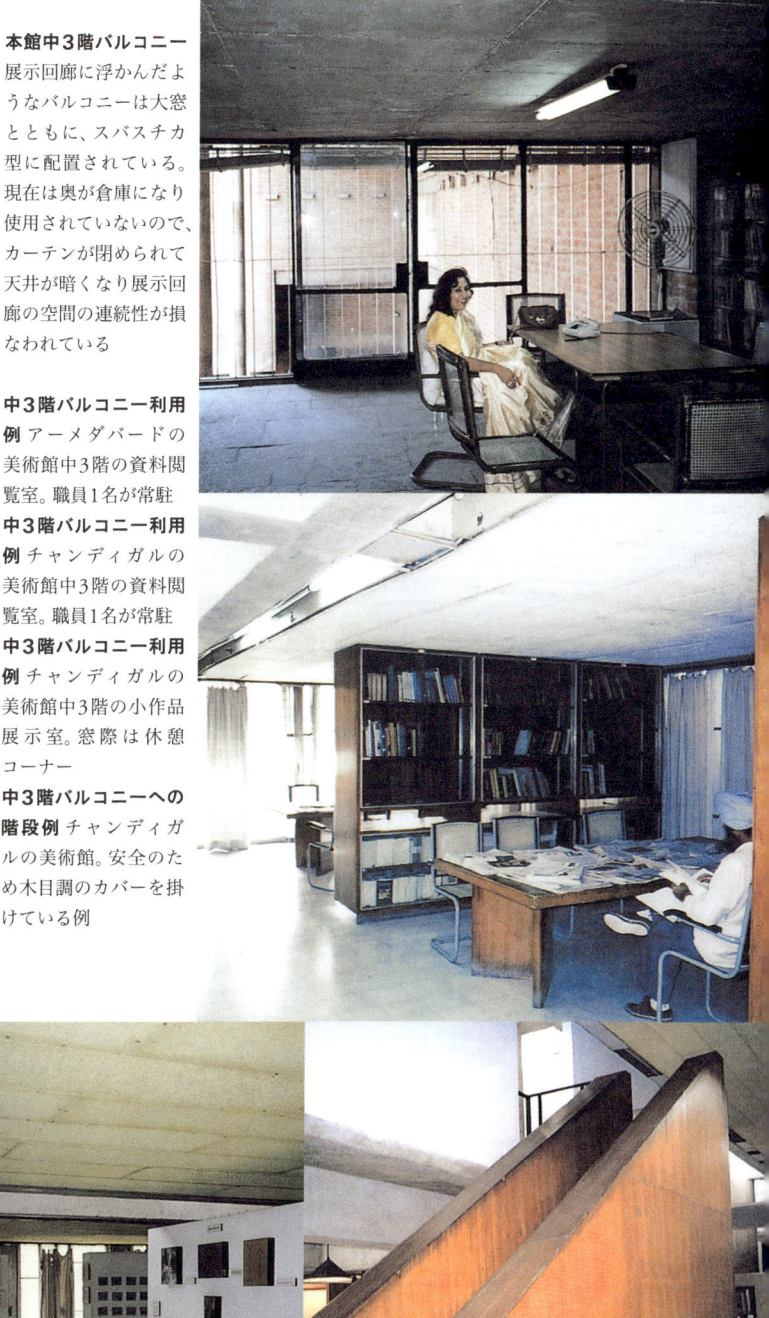

2層吹き抜けの展示回廊にスバスチカ型に掛けられ、大窓に面した中3階のバルコニーは、独特な天窓採光とともに、この美術館の大きな特徴だ。このバルコニーは、基本的には大窓の光を19世紀ホールに導き、また、19世紀ホールと展示回廊の空間を還流させる光と空間のダクトだ。1979年、3か所のバルコニーの19世紀ホール側に倉庫がつくられ、この大切な機能はすべて失われてしまった。

　バルコニーへは展示回廊から階段でのぼる。その階段は手摺が片側にしかない。ル・コルビュジエの建築には、このような階段が多いが、ここでは安全でないとされ使用されていない。是非、思い切って、新しいデザインの手摺を片側に加えて、使用可能にしたいものだ。現在は、バルコニーが使われていないことから、中3階の大窓の遮光カーテンが常時、閉められている。そのために天井が部分的に暗くなり、展示回廊の空間を視覚的に分断する結果になっている。

　ル・コルビュジエはバルコニーを会議室、手書きの原稿、小作品の展示、美術資料などの閲覧に使うことを提案している。ちなみに、創建時には、展示室として利用されていた（次頁上参照）。今後、バルコニーが利用できるようになり、この美術館の魅力がより大きくなることを期待したい。

中3階バルコニーへの階段 手摺が片側なので、安全のため利用しにくい。展示回廊のオブジェだ。ル・コルビュジエの自邸の階段も手摺がない。民家にも手摺のない美しい階段がある。彼にとって手摺は夾雑物なのだ

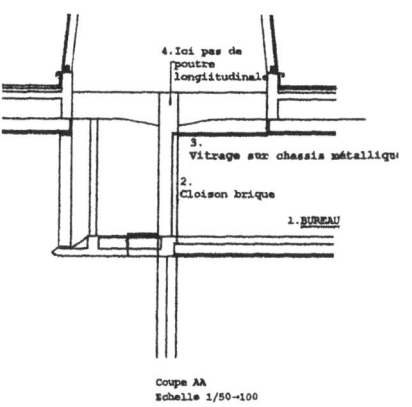

上 **創建時本館中3階バルコニー利用例** 絵画展示風景(現在ここに倉庫新設)。19世紀ホールから伸びた水平天窓が大空間をバルコニーへ導き、反対に窓の光が19世紀ホールへ

中 **本館中3階バルコニー断面図** ル・コルビュジエ。1. 事務室(またはバルコニー) 2. 間仕切壁 3. 水平天窓 4. 長手方向の梁なし。原設計図5483に示されたもの

下左 **中3階バルコニーへの階段例** アーメダバードの美術館。荒っぽい設計と施工

下右 **中3階バルコニーへの階段例** チャンディガルの美術館。両側に手摺もあり、踏面にゴムタイルを張るなど親切な設計

館長室はパリモード

左頁 **創建時の館長・事務室入口** 中3階バルコニーの一つ。開放された廻り階段は、ここを経て屋上へ。館長、事務部門は現在、増築部分に移転

上 **クルチェット邸 1954** ル・コルビュジエ。ブエノスアイレス近くのラプラタに建つ住宅。寝室階の曲面壁のある廊下。ドアが並ぶ廊下とは違った空間

下 **創建時の事務室** 水平天窓の光で鮮やかな赤い壁。中は厨房

スバスチカ型に配置された4か所の中3階バルコニーの公園側の1か所が館長室、事務室などに充てられていた。ここは本館の中で、唯一の住宅のようなスケールを持った空間で、ル・コルビュジエ独特の曲面の壁によって事務室らしくない雰囲気がある。曲面の壁の色は吉阪が決めた黒と赤だ。ル・コルビュジエの建築には、彼の唱えた「新しい建築の五原則」の一つである、従来の壁構造から開放された自由な壁を強調する、このような曲面壁がある。

　原設計に示された管理部門の部屋は、1階、搬入口の近くの用務員、宿直関係の諸室、北側の展示工房、中3階の運営関係の諸室だ。日本側では、8人程度を収容する運営関係の面積は足りないと感じたが、パリでは、本館ぐらいの規模の常設美術館のスタッフは、この程度の人数でいいらしい。運営の実際は外注で行われ、それぞれ専門の業者が受け持つのがフランス流のようだ。

　館長室には大窓があり、秘書室、事務室は水平天窓からの自然光によって明るい。カーテンを開ければ室内の窓から階下の展示回廊の様子が見える。廻り階段を降りれば展示回廊、のぼれば屋上庭園だ。厨房とトイレの設備もあり、快適な環境なのだが出入りには公開ゾーンを通らねばならない。昼食の配達人が絵を観賞しながらのぼって来ることもある。パリのオフィスでは秘書がサンドウィッチでも用意するのかもしれない。

　開館当時は、運営関係事務室の不足を1階北東側の展示工房や修復のスペースを事務室に転用して補っていたが、中3階の館長室と遠いうえ、事務、研究には向かない環境で、職員には苦労があった。5年後に北側に別棟として館長室を含む事務棟が新築されたが、1994年、新館増築のため撤去された（137頁参照）。事務部門は現在、本館西側の管理棟に配置されている。中3階の旧館長室、事務室は、現在、管理関係の事務と休養室に充てられているが是非、機会をつくって公開してほしい部分だ。

上　**創建時の館長室**　大窓から公園の森が一望できる。デスクはペリアン風のデザイン
下　**旧館長室・事務室平面図**　中3階バルコニーの一つに、コンパクトにまとめられた運営部門。秘書室、事務室は天窓による採光。館長室、秘書室、事務室は、現在、管理関係の休養室などに充てられている(国立西洋美術館設計事務所)

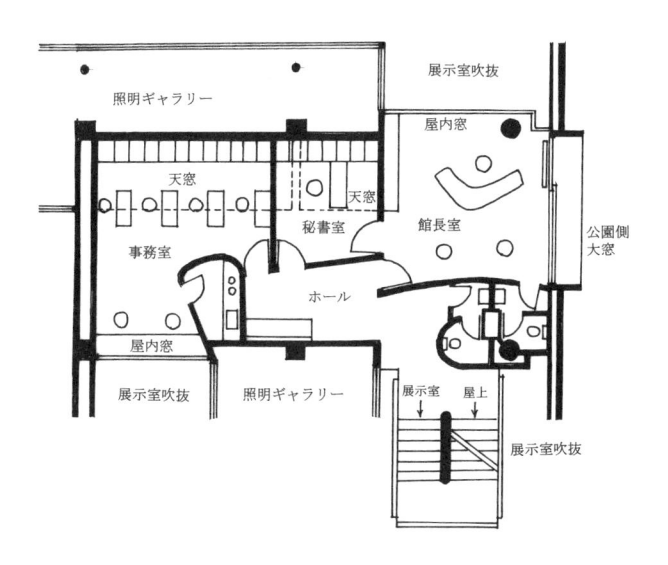

85

屋上はラビリンス

左頁　**本館屋上** 三角錐型の19世紀ホール天窓。両側は展示回廊天窓の一部
上　　**本館屋上** 展示回廊天窓。採光面は半透明の網入熱線吸収波型ガラス。現在は遮光塗料で遮蔽され、人工照明によっている

下　　**創建時の本館屋上** 中央は19世紀ホール天窓。スパスチカ型に配置された天窓から展示回廊に自然光が入る。19世紀ホール天窓前の投光機は曇天時の補助照明として追加された。現在は天窓内部の梁に照明が取り付けられている

展示回廊から廻り階段をのぼると、中3階を経て屋上だ。階段室を一歩出ると、そこは三角錐、直方体、立方体が立ち並ぶキュビスムの世界。王女と騎士が隠れるのに格好なラビリンス(迷園)だ。残念なのは、空調ダクトが天井に収まらず、屋上の周囲に出っ張り、屋上庭園が狭くなったこと。また、三角錐(19世紀ホール天窓)が確実な防水という理由でアルミ瓦棒葺きの線が入って屋根風になり、純粋な立体の感じが失われたことだ。

　ル・コルビュジエは屋上庭園の効用を説いてきた。彼の自邸でも屋上庭園をつくり、雑草庭園の草花や鳥の声を楽しんでいる(101頁左下参照)。本館の原設計では、屋上の平面図と断面図には花壇があり、その脇には「セメント舗装の小路」という記入がある。屋上の散歩を考えた書き込みだ。開館後、雑草が茂った花壇のそばで、学芸員の方たちと美術や建築談義をした記憶がある。

　本館の屋上防水は、天窓による切り抜きが複雑なため、太陽の熱による伸び縮みが不均一で早く傷みやすい。防水の補修工事の度に花壇の復原に費用がかかり、1983年に撤去された。

創建時の本館屋上 雑草庭園は職員の憩いの場。1983年に屋上防水修復の際に撤去された。右側は展示回廊天窓

ル・コルビュジエは
どんな人

　本館の空間を体験してみると、この美術館を設計したル・コルビュジエという建築家について、もっと知りたくなるが、彼は本館が完成してから6年後に没した。

　何人もの研究者がル・コルビュジエの人物解読を試み、多くの論文があるが、かえって建築家、画家、詩人であった彼の実像は不可解なものに思えてくる。ここでは、彼がどんな人物だったか読者自身に考えてもらえるように、事実と思われる事を列挙した。

　ル・コルビュジエの本館の建設に関わった私の経験と、その過程で、三人の弟子たち(前川、坂倉、吉阪)に接して得た情報も含めて、記すことにしよう。

カット／眼鏡を上げたル・コルビュジエ

その生涯と活動

ル・コルビュジエの右手 カップ・マルタン、ロベールのバー「海の星」で板にペンキを塗ってスタンプされた

ル・コルビュジエの先祖は南仏のアルビ地方のプロテスタントの一派で、16世紀にカソリックに追われて、ジュラ山脈の国境を越え、スイスの山村ラ・ショー・ド・フォンに移り住んだ人達だ。そこは標高1000ｍの高地で、今は時計産業の中心地だ。エドワール・ジャンヌレ(後のル・コルビュジエ)は1887年、この地で誕生。父は代々の時計の彫金師、母はピアノ教師、兄は作曲家という一家。エドワールは地元の美術学校を出て彫金師になり賞を受けるが、網膜剥離で左眼が弱視になり彫金師を断念。画家を志すが母校の教師レプラトニエから建築の道を勧められ、18歳で住宅を設計する。
　ジャンヌレは1907年からウィーン、パリ、ベルリンを訪れ、オーギュスト・ペレなど第一線の建築家のもとで働く。1911年、バルカン、ギリシャ、トルコ、イタリアへのグランドツアーに出発。印象記を地元紙に連載。旅から戻り、家族のために豪邸を建てる。1917年、町の有力者の家の設計に失敗、故郷を逃れてパリに移る。1920年、「エスプリ・ヌーボー」(新精神)誌を創刊。記事中に先祖の名からとった雅号「ル・コルビュジエ」を初めて名乗る(96、97頁参照)。1922年、従弟のピエール・ジャンヌレ(オーギュスト・ペレ事務所員)と共同でセーブル街にアトリエを開く。1924年、有名人が余生を過ごすスイスのヴヴェイに第二の父母の家を建てる。1927年、ジュネーブ国際連盟館コンペで一等当選。図面が規定に合わないという理由で失格になるが、彼の実力が世界に認知される。
　1930年、イボンヌ・ガリと結婚。フランス国籍を取得し先祖の想いを遂げる。1933年、パリの高級住宅地にマンションを建て屋上に住む。1940年、独軍がパリ占領、ル・コルビュジエはアトリエを閉鎖、ピレネー山麓のオゾン村へ疎開。仕事を続けるためヴィシーに移り、ナチの手先と言われたペタン元帥の政権に協力、建築家資格を得る。ペリアン、ピエールは袂を分かち、レジスタンスに去る。1942年にパリ開放、アトリエを再開。1950年、優れた建築による宗教の再興を唱えるクチュリエ神父と会い、ロンシャンの礼拝堂の設計を依頼される。神の奇跡は信じないが芸術の奇跡を信じ、カソリックの仕事を引き受ける。1952年、南仏のカップ・マルタンに妻の誕生日の贈物として別荘を建て、1965年夏、その海で没する。

［上左］**ジャンヌレ邸 1912** ル・コルビュジエ。彼の故郷、ラ・ショー・ド・フォンの丘の上に建つ父母の家。丘の上の家は不便で、予算のオーバーなどから7年後に売却された

［上右］**ル・コルビュジエの生涯地図** 彼の先祖と彼が過ごした場所（作成 藤木忠善）

［中］**休暇小屋 1952** ル・コルビュジエ。地中海に面したカップ・マルタンの崖に建つ彼の別荘。玄関とトイレを除くと八畳の広さ。隣に仕事用の三畳ほどのプレファブがある

［下］**小さな家 1924** ル・コルビュジエ。水平窓の眺め。スイス、レマン湖の第2の父母の家。水際に建てられ、三方を塀で囲んだ住宅は環境を損なうように見える。父母はここで没した

ル・コルビュジエ
はメディアの達人

右 **ル・コルビュジエの著作群** 彼自身が装本をしたものがほとんどなので、並べてみると一幅のコラージュになる。ル・コルビュジエには生涯多くの著書がある。美術・建築・都市の理論、宣言、批評が主で、他に作品集もある。特に有名なのは、1923年に「エスプリ・ヌーボー」誌に連載した論文をまとめて、36歳で出版した『建築をめざして』だ。これは古典建築に新しい解釈を与え、機械時代の新しい価値観を示した。

ル・コルビュジエの主な著書は邦訳されているが、3人の弟子たちも以下の訳本を出版している。前川は『今日の装飾芸術』、坂倉は『マルセイユの住居単位』、『輝く都市(都市計画はかくありたい)』、吉阪は『モデュロール』、『モデュロールⅡ』、『建築をめざして』と全作品集

下 **ル・コルビュジエ全作品集** 全8巻。英・独・仏の解説。1910年から没するまでに7巻が発行され、没後に8巻が刊行。右側のクロスカバーが原著。左側の写真カバーが吉阪訳による日本語版。国立西洋美術館は第6巻に計画案、第7巻に完成の姿を掲載

右　**パリ、セーブル街35番地**　ここは6区、サン・ジェルマン近く、ル・コルビュジエが1924年から没するまでアトリエを置いた街。アトリエはこの通りの右側、奥にあったカトリックの修道院の2階廊下を改装して開かれた。左側はボン・マルシェ百貨店（1978年撮影）

ル・コルビュジエの情報技術は見事だ。その基本は、故郷の美術学校の教師レプラトニエに学んだ動植物のスケッチだが、最新型のカメラを駆使して写真も撮影し、彼の理論の実証に使われる。一方、アトリエでは所員への指示のスケッチを、後で秘書が回収しファイルされ作品集の資料になるという。彼は「住むための機械」、「新しい建築の五原則」など、キャッチ・コピーの天才で強い発信力がある。

　最初の行動は詩人ポール・デルメ、画家オザンファンと発刊した雑誌「エスプリ・ヌーボー」だ。彼は、この雑誌を通して自分の理論を発表するとともに、広告を掲載して、企業との関係を築いた。彼は高級車ヴォアザンに憧れ、透視図にヴォアザン車を描き、ついに、その車を手に入れ自動車旅行をしている。パリ・ヴォアザン計画、シトロアン住宅などの冠計画も資本家の後援を得るための着想だ。彼はトリノのフィアット工場、デトロイトのフォード工場を視察、論文を発表。晩年にはシムカ製小型車を自ら運転していた。空にも関心を持ち、サン・テクジュペリと小型機から地形を観察したり飛行船で大西洋横断の旅行を試みた。

　ル・コルビュジエは文学、哲学、思想に通じ、著書も多い。彼は、旅をすれば印象記、講演をすれば講演録、建物を建てれば、その物語を出版。なかでも一つの作品を一冊の本にした深夜版(エディション・ド・ミニュイ)と飽くなき探求(ルシェルシュ・パシャント)のシリーズは、彼自身の言葉とスケッチ、ルシアン・エルヴェ(116頁参照)の写真などで作品が語られた詩情あふれる本。また、限定版の『直角の詩』は版画と詩による回顧録だ。映画も自ら監督し、出演して1929年につくられた「今日の建築」がある。ガルシュ邸とサヴォワ邸が背景で、「歩いて感じる建築」を実感できる内容だ。ル・コルビュジエの理解には、彼の行動と作品(建築、絵画、彫刻など)と著作のすべてに注目する必要がある。

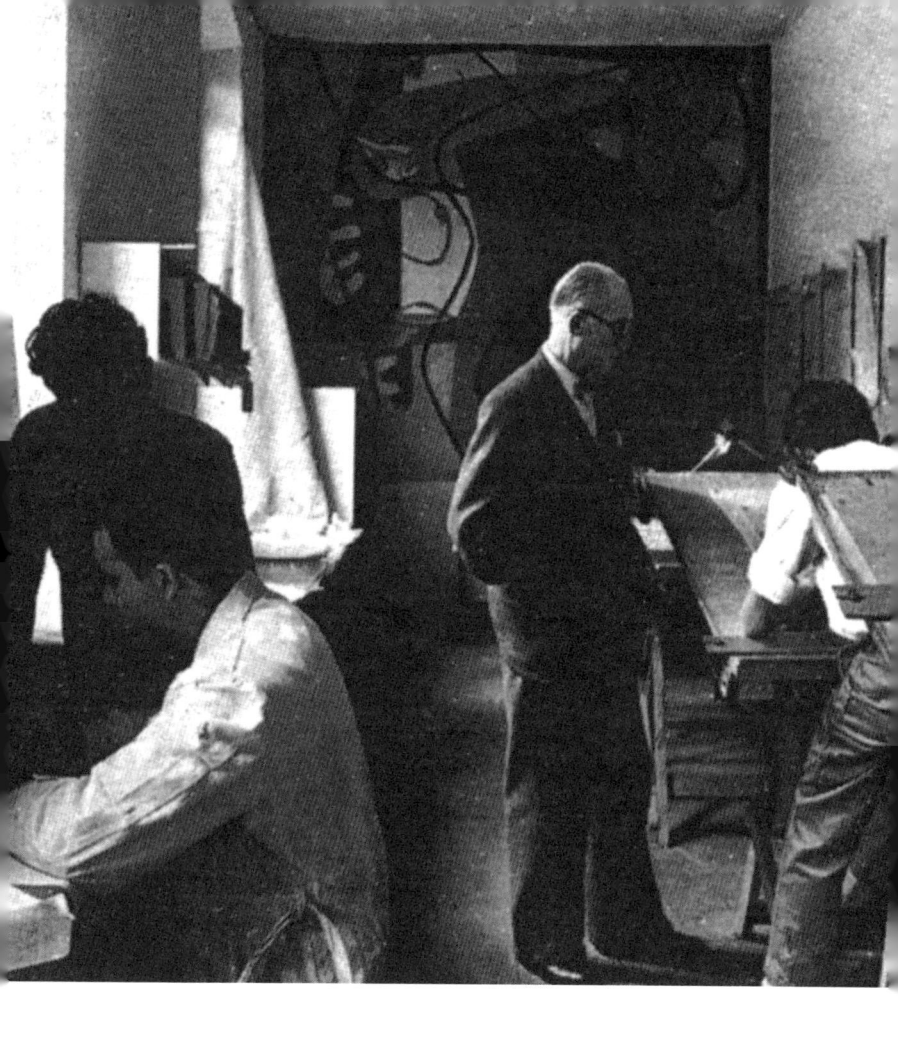

上 **アトリエのル・コルビュジエ** 僧院の廊下だったという、製図板が1列に並ぶ幅の狭いアトリエ。そのかわり長さは40m

下 **エスプリ・ヌーヴォー誌 1920** ル・コルビュジエが詩人、画家と創刊した美術の啓蒙誌。28号(1925年)まで続き、彼の近代化を唱えた論文は、この雑誌で発表された

左 **開かれた手のモニュメント 1986** ル・コルビュジエ。鉄板製。高さ22.5m。風で回転する。彼はインド、チャンディガルに平和と和解のシンボルとして、このモニュメントが建つことを願っていた。没後21年に拠金によって完成。「開いた手」は、絵に、彫刻に、印刷物に繰り返し登場する彼の紋章だ

午前は画家・午後は建築家

上 **「パニュルジュ」1964** ル・コルビュジエとジョゼフ・サヴィナ。木彫に彩色、W80cm H75cm。金属のアームがある動きのある作品。彼の愛読するラブレーの書に登場する人物がテーマ。没する1年前の作だ

下 **ル・コルビュジエの絵画展カタログ群** 手前中央は英国サザビー社のオークション・カタログ「ル・コルビュジエの50の作品」

上 「二人の裸婦」1928 紙、チョーク、鉛筆 21×31cm ル・コルビュジエ。彼が41歳、「新しい建築の五原則」で有名なサヴォワ邸の設計を始めた頃の作

下 ル・コルビュジエ自邸の画室 1933 自ら設計したマンションのペントハウスの住居(8階)にある。粗い石積の壁は隣家との境界壁。ヴォールト状の白い天井は、薄いコンクリートの膜構造だ。右奥に書斎と写真ラボがある。修復されたが、主を失ったアトリエは空虚だ(101頁参照)

ル・コルビュジエは18歳の時、弱視のため彫金師をあきらめ、一度は画家を志す。母校の教師レプラトニエの勧めで建築の道に入ったが、絵は描き続けた。パリに移った翌1918年、サン・ジェルマン・デ・プレの屋根裏部屋から見える、パリの風景をモチーフに暗い絵を描いていたが、同じ年にピュリスムの絵画を発表した。彼がオザンファンと唱えたピュリスムは、コップ、パイプ、瓶、本など日常の品を構成した絵で、キュビスムを一層、純粋化したものだ。

　ピュリスムは、1920年代に絶頂期を迎えたが、ル・コルビュジエは建築に重心を移し、白い箱型の住宅をつくり始める。一方で、彼はたくましく、柔らかな女性を描き続け、ヴォールト屋根の住宅をつくる。

　それは、彼が先験的に持っていた土着的なもので、健康な肉体を誇示する彼の性格と無関係ではない。1950年代には、版画、タピスリー(壁掛け織物)の作品にも曲線と色彩が増し、建築にも人間的な造形が強く頭をもたげてくる。晩年にはコラージュ(貼絵)の作品が増え、今までの重い絵から開放され、軽く洒脱な作品になっている。彼は60歳の頃から彫刻を始めた。それは、彼が海外で建築をつくる方法と似ている。ル・コルビュジエがスケッチを送り、ブルターニュの家具職人ジョセフ・サヴィーナが木を彫るのだ。サヴィーナはロンシャンの礼拝堂のイスもつくっている。

　ル・コルビュジエはセーブル街のアトリエを開いてから大戦が始まるまでと、戦後しばらくの間、午前中はポルト・モリトールの自宅のアトリエで絵を描き、午後からセーブル街のアトリエに現れるという生活を送っていたという。

「エスプリ・ヌーヴォー館の静物」
1924 シャルル・エドワール・ジャンヌレ。ピュリスム時代の作品。瓶などの日常のオブジェが自由に重なり合い透明感のある絵

ポルト・モリトールのマンション 1933
―ル・コルビュジエ自邸―

ル・コルビュジエとピエール・ジャンヌレ。パリの高級住宅地に建つマンションのペントハウス(8階と9階)

[上左] 外観。水平連続窓とガラスブロックの外壁。1階中央に独立の円柱

[上右] 玄関横の屋上へのぼる廻り階段。天窓でもある。手摺はない。右奥に居間

[中] 丸天井の食堂。壁の後ろが台所

[下左] 屋上庭園。玄関ホールから階段をのぼると9階の客室と屋上。自然にまかせた庭の植物。彼は小鳥に餌を与えるのを楽しんだという

[下右] 寝室のコーナー。化粧台とビデ。壁の奥は浴室。トイレとシャワーは別の場所にある

ル・コルビュジエは生きている

上 **イヴォンヌとル・コルビュジエの墓碑**
1955 ル・コルビュジエ。夫人が没する2年前に設計、地中海を望むカップ・マルタンの丘の墓地に完成。寸法はモデュロール

左 **「イヴォンヌ・ル・コルビュジエの肖像」**
1930年代前半 厚紙、テンペラ　32.5×29.5cm　ル・コルビュジエ。ジャンヌ・ヴィクトリーヌ・ガリ(1892–1957)。俗称イヴォンヌ。カップ・マルタン近くのマントン生まれ。オザンファンのファッション・モデル。同棲後、1930年、ル・コルビュジエと結婚。豊満で美しい容姿。建築には関心がない。晩年アルコール依存になる

上 **荒廃したサヴォワ邸 1931** ル・コルビュジエとピエール・ジャンヌレ。占領時はドイツ軍の見張所と備蓄庫。私が訪れた時(1965年)は、まだ、居間に棚などの跡があり、壁も崩れかけていた

中 **ラ・ロッシュとジャンヌレ邸 1925** ル・コルビュジエとピエール・ジャンヌレ。パリ市内の2戸建住宅。心地よい屋上庭園がある。内部は「歩いて感じる建築」の最初の実現を体験ができる。現在はル・コルビュジエ財団本部

下 **復原されたサヴォワ邸** 文化財に指定。家具も置かれ完成時の姿が再現。ピロティ下の車路に車を乗り入れたくなる

1965年8月27日、ル・コルビュジエはカプ・マルタンで水浴中に77歳で没した。遺体はマルセイユで荼毘に付され、ラ・トゥーレットの僧院の礼拝堂で一夜を過ごし、パリのアトリエに帰ったという。葬儀は9月1日、ルーブル宮の中庭で仏国務大臣アンドレ・マルロー委員長のもとに、各国の要人と建築家、多くの市民が参列して行われた。マルロー氏の弔辞は全作品集第8巻に収録されている。

　世界12カ国にわたる60点あまりの彼の作品は、個性的でありながら世界に影響を与える普遍性を持つ。その資料はパリのル・コルビュジエ財団に保存されている。彼は生前に財団を起こし資料を寄贈した。財団は1968年から彼の作品の保存と資料管理を行っている。

　ル・コルビュジエは没したが、今も、私たちは、彼によって動かされているようだ。彼の没後の関連事項を並べてみよう。没後1年、死の直前に校正した1911年の旅行記『東方への旅』（第一次大戦で出版が中断されていた）出版。2年後、チューリッヒのル・コルビュジエ展示館完成。3年後、チャンディガルの美術館完成。5年後、全作品集第8巻刊行。19年後、ル・コルビュジエ・アーカイブ刊行。21年後、チャンディガルの「開いた手」のモニュメント建設。22年後（生誕100年）、旅の手帳『カルネ』出版、ル・コルビュジエ展（ポンピドー・センター）、ル・コルビュジエ辞典刊行。23年後、ル・コルビュジエ展（東郷美術館）。31年後、ル・コルビュジエ展（セゾン美術館）。42年後、ル・コルビュジエ展（森美術館）。44年後、22作品の世界遺産登録への動き。この後も伝記コミック、絵本など様々な出版や企画が世界で進行中。

下左　**チャンディガルの企画展示館 1990** ル・コルビュジエの案で没後25年に完成
下右　**最小限自動車「マキシマム」1928－1936** ル・コルビュジエ。1/2の模型。没後22年の1988年、日本で製作。定員4名、スペアタイヤ2本、シートはベッドになる

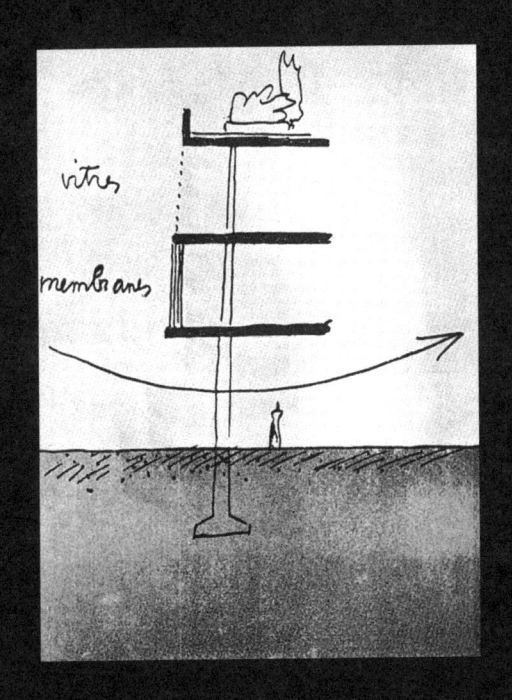

ル・コルビュジエの
建築のつくり方

　ル・コルビュジエは、新時代の建築のリーダーとして「新しい建築の五原則」を唱えた。それは建築界に大きな影響を与えたが、間もなく、その役割を終えた。それは彼の想定の範囲だった。ル・コルビュジエは、建築の革命は、1930年代前半に勝利したと記している。その後の彼は、力強い人間的な造形、地域の計画や土着性への関心を強めていった。そして、自らの教条の呪縛から自由になり「えもいわれぬ空間」という建築芸術の最高の目標を示した。

　彼の建築には、常に都市という視点がある。世界各地に理想の都市を計画し、インドで彼の理論を展開する機会を得た。ここではル・コルビュジエの家具、建築、都市計画の全体を見てみよう。

カット／「新しい建築の五原則」を示すスケッチ 1926 ル・コルビュジエ

新しい建築の五原則

上　　　**サヴォワ邸 1931** ル・コルビュジエとピエール・ジャンヌレ。パリ近郊ポワシー。新しい建築五原則を実現した週末住宅。独立柱と水平連続窓（103頁参照）

下　　　**マルセイユのユニテ・ダビタシオンの屋上 1952** ル・コルビュジエ。高層住宅の屋上にある保育所とプール。他に体育館、トラックなどがある（110頁下参照）

次頁上　**スイス学生会館 1933** ル・コルビュジエとピエール・ジャンヌレ。パリ大学都市に建つスイス人留学生の寮。RCのピロティに載る鉄骨造のガラス張りの寮部分。これが、ル・コルビュジエの理想とする構造だ

次頁下左　**マルセイユのユニテ・ダビタシオン 1952** ル・コルビュジエ。ピロティに載った1600戸の住居。各住戸はRC梁に載せられた鉄骨の上に、鉛ブロックを敷いて据えられ、生活音を遮る。縦ルーバーの階は商店。これは一つの街だ

次頁下右　**スイス学生会館のピロティ** 交通を妨げず、見通しも妨げない完全なピロティ

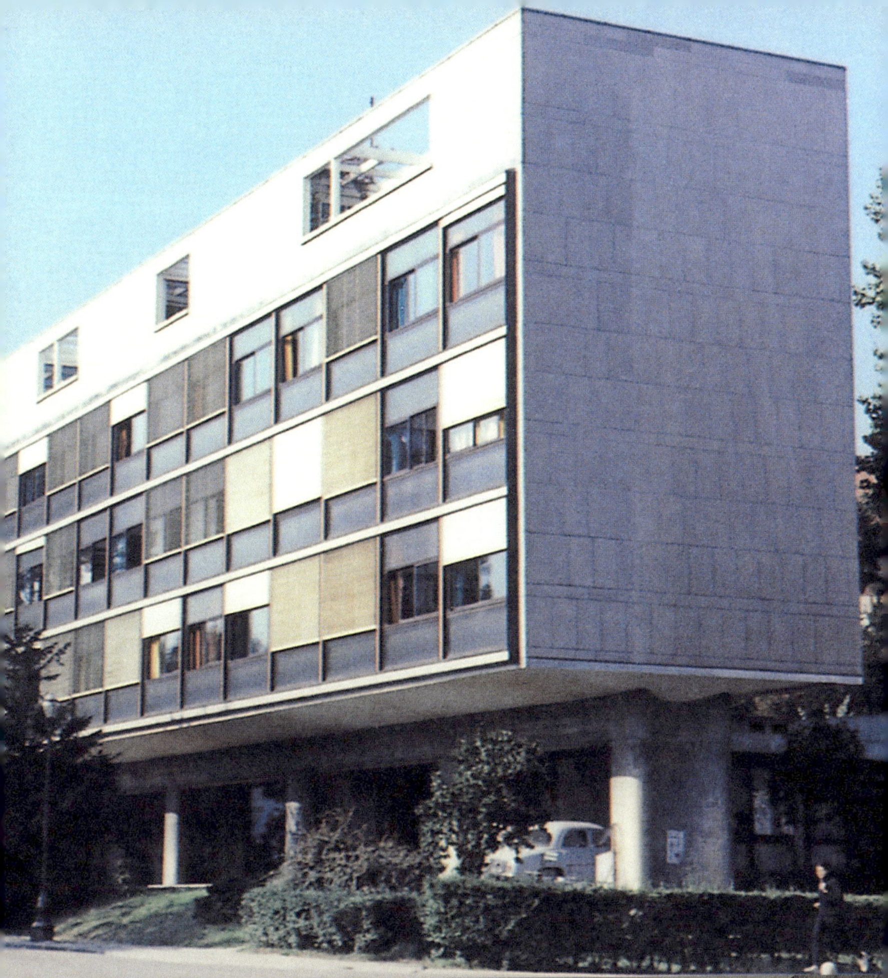
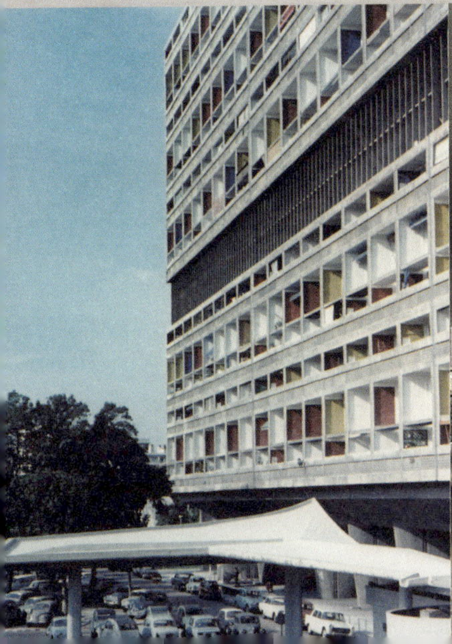
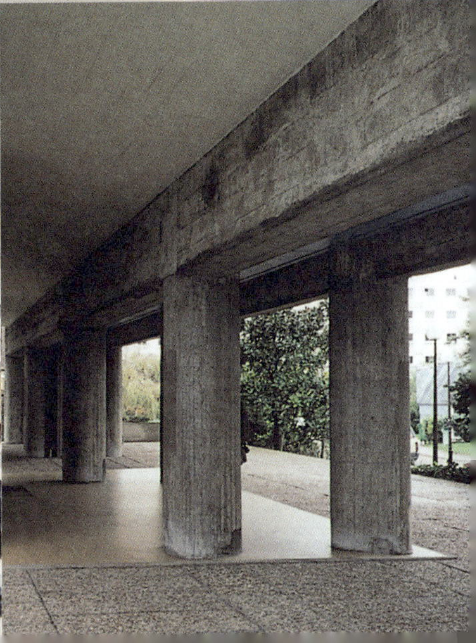

ル・コルビュジエはパルテノン神殿の模倣より、その純粋性、確実性こそ、機械時代の建築に継承すべきと考え、「住宅は住むための機械なり」の言葉を残した。日本では、その「機械」が直喩として強調され誤解を生んだが、「新しい建築の五原則」は具体的だ。これは1926年に「新しい建築の五つの要点」として発表され、いずれも鉄骨やRCのラーメン構造の発展によって可能になった方法だ。

　1. ピロティは地表を開放し、交通、スポーツに使えるうえ、建物を湿気から守る。2. 屋上庭園は太陽から防水層を守り、植物は安らぎを与える。3. 自由な間取りとは、柱と梁の丈夫な構造によって、壁の配置が自由になる。4. 横長の窓(水平連続窓)は、当時、壁構造が多く窓は縦長だった。RCのカンティレヴァーによって外壁が構造から開放され、横長窓が可能になり、採光の効果も優れているとした。5. 自由な立面とは、窓と同じ理由で外壁はただの膜でよい。この五原則を見事に実現したのが、サヴォワ邸だ。

　時を経て、彼は窓に全面ガラスを採用したが、1931年に設計したジュネーブのマンションで、住人がテラスにそれぞれ勝手に日除けを出し美観が損なわれたことから、ブリーズ・ソレイユ(日除け格子)が考案された。これはガラス面の眩しさや暑さを遮る装置で、1933年にアルジェリアの建築で提案され、その後、彼の建築の特徴になった。

　ル・コルビュジエは、五原則を発表する一方で、石や木材を用いた人間的な住宅、ヴォールト屋根の洞窟のような住宅もつくっている。弟子の坂倉は彼をモダニズムの次にくる建築家だと記している。

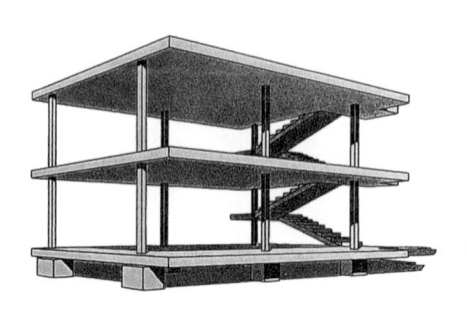

ドム・イノ(ドミノ)型住宅案 1914
ル・コルビュジエとピエール・ジャンヌレ。第一次大戦後の復興住宅の提案。柱と床板の構造で、スピード建設が可能。彼の建築の出発点だ。特許を申請したが、ペレー案との類似から却下。ドム・イノはドムス(家)とイノベーション(革新)の意で、2戸建住宅の並べ方がドミノ・ゲームに似ていることからドミノ型と呼ばれた

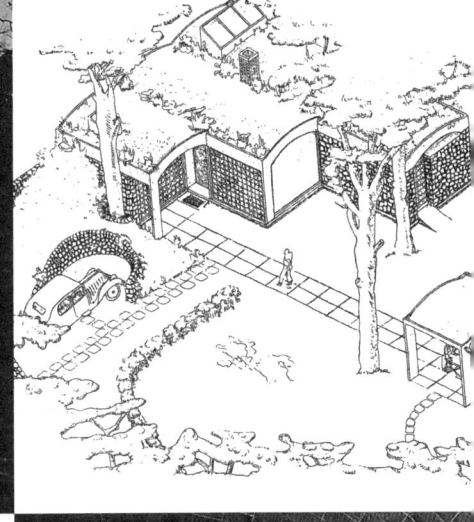

「五原則」以外のル・コルビュジエ

上左 **小さな家 1924** ル・コルビュジエとピエール・ジャンヌレ。湖岸に石積みの壁を立て窓を穿つ。桐の木陰にテーブルの戸外空間

上右 **週末小住宅 1935** ル・コルビュジエとピエール・ジャンヌレ。パリ市外のヴォールトを並べた住居

中 **サラバイ邸 1956** ル・コルビュジエ。アーメダバードの住宅。ヴォールトによる土着的な空間

下左 **ショーダン邸 1956** ル・コルビュジエ。アーメダバードの住宅のブリーズ・ソレイユ

下右 **クルチェット邸 1954** ル・コルビュジエ。ラプラタの住宅のブリーズ・ソレイユ（19頁下、21頁下参照）

土着性と官能の造形

[前頁上]**ジャウル邸 1955** ル・コルビュジエ。パリの高級住宅地に建つ。ヴォールトを並べた構造とレンガが彼の土着的なものへの関心を示す。寸法はモデュロール。西洋美術館本館の階段、手摺などは吉阪の指示で、この住宅を手本にして現場で設計された

[前頁下]**マルセイユのユニテ・ダビタシオンのピロティ 1952** ル・コルビュジエ。木の型枠の美しい肌とグラマラスな表現(106頁下、107頁下右、113頁中参照)

[上]**サヴォワ邸の浴室 1931** ル・コルビュジエとピエール・ジャンヌレ。天窓の光で青色を発するガラスモザイクの浴槽。ビデと洗面台。人体のカーブの休息台。トイレは奥の扉の中。手前側が寝室 (103、106頁上参照)

[下]**ロンシャンの礼拝堂 1955** ル・コルビュジエ。大戦で破壊された礼拝堂の再建。白い壁に支えられた女体を想わせる曲面の屋根(114頁上参照)

ル・コルビュジエは1935年に自邸の画室で原始芸術の展覧会を開いている。彼の土着的な、ブルータルな、あるいは官能的な造形への関心は、白い箱型の建築の時代から併行して存在していた。「新しい建築の五原則」を実現したと言われるサヴォワ邸の中に、突如現れる快楽的とも見えるバスルーム、そして、同時期に建てられたサヴォワ邸の対極をなすヴォールト屋根の週末小住宅などに、それが感じられる。また、ル・コルビュジエの全作品集の、どの巻を開いても白い箱型の建築とヴォールト屋根の建築、近代的なパネルやガラスと粗い石積の壁、そして直線、曲線の両方が見られるのだ。

　マルセイユのユニテ・ダビタシオン（集合住宅）の有名な極太のピロティもそうだ。このピロティの上には17階の住宅が載るが、地震のない国では、柱は割りばしのように細くて済む。しかし、それでは不安な形態だ。そこで、ル・コルビュジエは柱の両側に羽根を付けて太くし、たくましく見せたのだ。ちなみに、そのスペースには上部の住宅からの配管が収められている。ロンシャンの礼拝堂でも、中空の厚い壁に穿たれた窓は神秘的な光を堂内に投げるが、同時に、彼はRCの船のような屋根を支える造形的な力強さを壁に与えたかったのだ。この中空の2重壁は内部に構造的な骨組みがあって、蟹の甲らのような屋根の重量を受ける役割を果たしている。ル・コルビュジエは構造的強度だけでなく、視覚的な要求から答えを出すのだ。

グラン・コンフォール 1928 ル・コルビュジエ、ピエール・ジャンヌレ、シャルロット・ペリアン。初期モデル。パイプと金属板の台と四つのクッションに分かれるのが建築的。原型はペンキ塗りのパイプ枠に柔らかいクッションを無造作に置いて、あらゆる姿勢にフィットさせるという原始的なコンセプト。現在、カッシーナ社でライセンス生産されているソファ

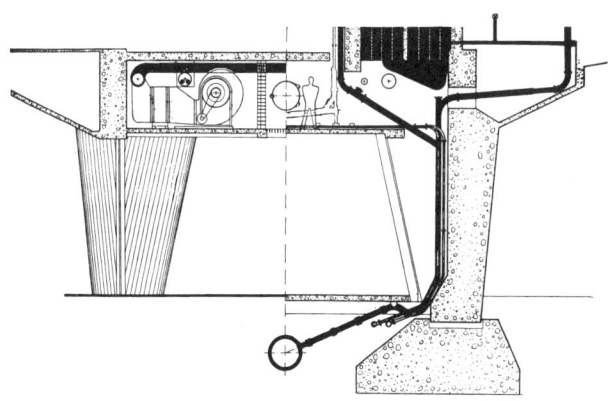

上 **週末小住宅の居間 1935** ル・コルビュジエとピエール・ジャンヌレ。パリ市外の土着的な建築。胎内的な空間に天窓から光が降る。週末に精神を癒す家(109頁上右参照)

中 **マルセイユのユニテ・ダビタシオンのピロティ 1952** 柱の外側半分が構造柱。内側半分は配管スペース

下 **ロンシャンの礼拝堂の厚い壁 1955** 工事中のRCの骨組。この両面に壁をつけて厚い壁に見せている。その中空の厚い壁の穴から神秘的な光が射す。光の効果を演出する工夫と造形だ

えもいわれぬ空間

上	**ロンシャンの礼拝堂 1955** ル・コルビュジエ。スイス国境近く、丘の上に建つドミニコ会の礼拝堂。厚い壁の穴から光が漏れる
下	**ル・トロネ修道院 12世紀** プロヴァンス山中に建つシトー派の修道院。静謐な光と石の空間
次頁	**ラ・トゥーレットの修道院 1960** ル・コルビュジエ。リヨン近く、エヴーの町に建つ修道院。半地下の小礼拝堂はRC打放しにペンキ仕上げ。光と影の空間

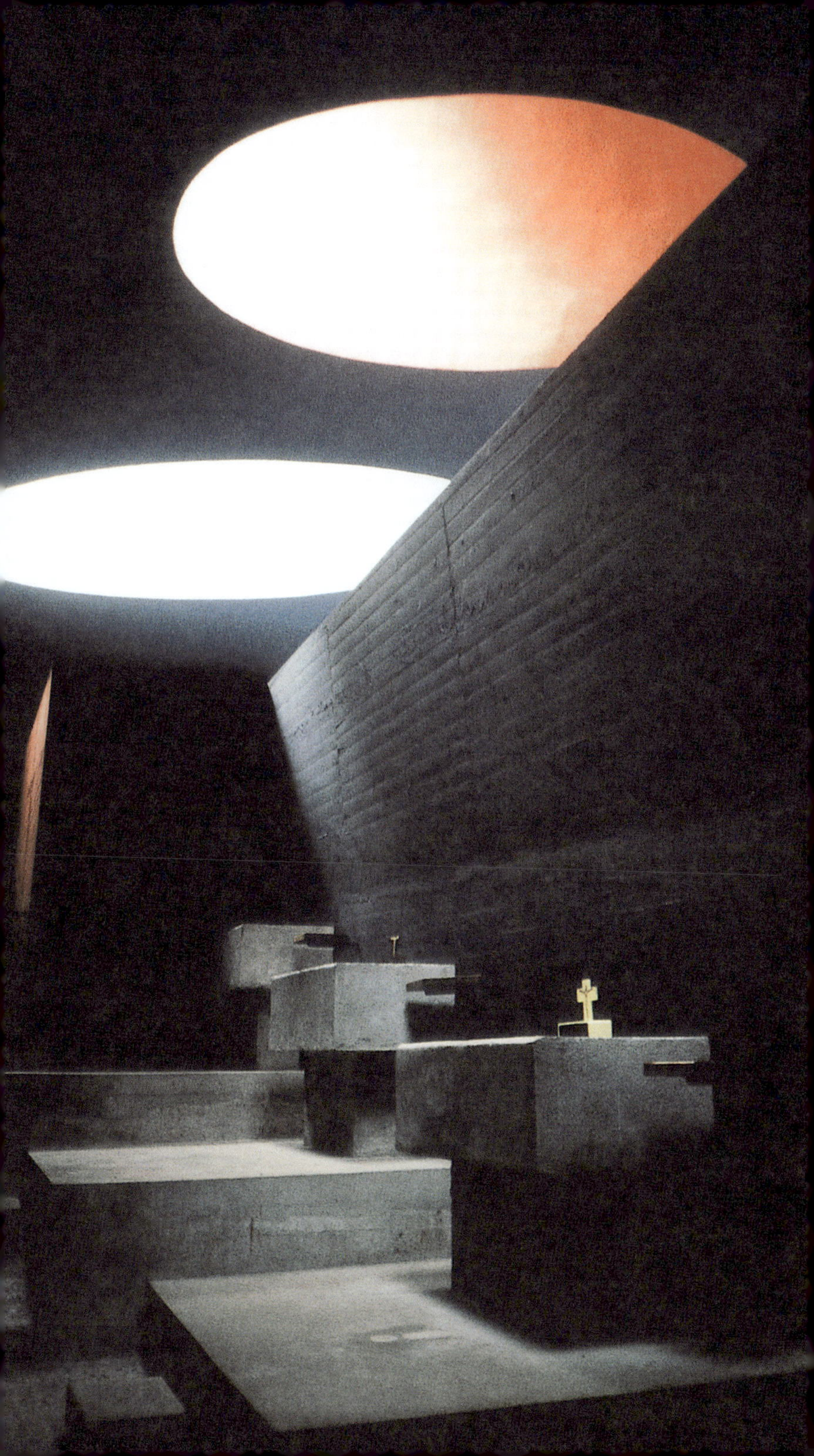

「えもいわれぬ空間」(エスパース・アンディシーブル)と題した論文は、ル・コルビュジエが1946年に建築雑誌に発表。絵画、建築、彫刻が統一されると言語では表現できない詩的な瞬間を生みだす。その奇跡から見れば、機能性や経済性などは補助的なことだという。

　ル・コルビュジエはルシアン・エルヴェが撮ったル・トロネの修道院の写真集に、その空間の素晴らしさを記している。彼はドミニコ会のクチュリエ神父の勧めで1952年、プロヴァンス山中のル・トロネに修道院を訪ねたのだ。その13年後、私はトロネを訪れ、彼が「完全な建築」と言う石と光と影の静謐な空間を体験した。これが「えもいわれぬ空間」への扉なのだろうか。ちなみに、彼はエルヴェの写真に魅せられ、以後、自分の作品をエルヴェに撮らせている。

　ル・コルビュジエは、礼拝堂と修道院の設計で、贅沢な仕上げも豪華な照明もなしで「えもいわれぬ空間」に辿りついた。それは、1911年のグランドツアーで遺跡や宗教建築から学んだものだという。かつて、私は、ル・コルビュジエ設計のチャンディガルの議事堂で、林立する柱の間から、柔らかい光が降る薄暗い議場ホワイエに立った時、これが彼の言う「えもいわれぬ空間」だと実感した記憶がある。今後も、より日常的な建築で、そのような空間の奇跡が生まれることが期待される。それは絵画があり彫刻もある美術館だ。閉じられている本館の天窓を開けたら、その瞬間が訪れるかもしれない。

ラ・トゥーレットの修道院 1960 ル・コルビュジエ。修道院形式では中庭にあたる空間。上の2層の壁部分が僧坊の廊下。三角屋根は祈祷室。この建物は鉄骨で計画されたが予算がなくRC造に。建物の構成は彼が20歳で訪れた北イタリアのカルトジオ会修道院(14世紀)の充実した個の空間と全体の関係が参考にされた。それらは今、観光スポット

[上]**ラ・トゥーレットの修道院僧坊** 修道僧が生活し自己を見つめる空間。最小限で質素な部屋。テラス（ブリーズ・ソレイユ）からの眺めは断崖絶壁に建つロマネスクの修道院を思わせる

[中]**同僧坊の廊下側** 部屋の大きさはモデュロールで、幅1m83cm、天井高2m26cm。洋服棚の裏側は洗面所。壁際に細い換気扉がある。壁は凹凸のあるラフな仕上げ。夜は静寂の中に自らの靴音が響き、個に帰る時間を体験する

[下左]**ル・トロネ修道院 12世紀** 粗い石壁の回廊の連続アーチ。ル・コルビュジエはロンシャンの礼拝堂の設計中に、ここを訪れた。この建築を彼は、完全で付け足すものは何もないと絶賛した

[下右]**ル・トロネ修道院の聖堂** ロンシャンの礼拝堂の窓は、この聖堂の窓だ。私が訪れた1965年には守番が一人、ここに居た。僧院は修復され、バスツアーもある

理想都市の建設

上 **チャンディガルの議事堂 1964** ル・コルビュジエ。政治中心地区の象徴
中 **チャンディガルの総合庁舎 1958** ル・コルビュジエ。全館を覆うブリーズ・ソレイユは圧巻
下 **チャンディガルの高等裁判所 1955** ル・コルビュジエ。パラソルのような大屋根の下に九つの法廷
次頁上 **チャンディガル市案内板** 1952年に建設がスタートしてから半世紀がたち街は当初の2倍近くに発展(1997年撮影)
次頁下左 **チャンディガル商業セクター** セクターは800m×1200m(モデュロール)。歩いて10分が目安
次頁下右 **チャンディガル住宅セクター** 緑が多い低層住宅地

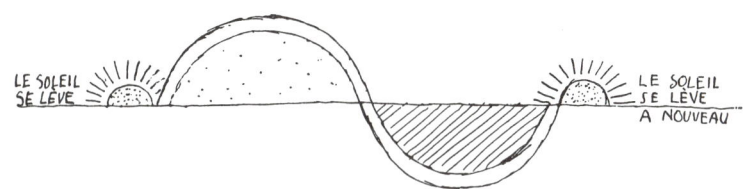

LA JOURNÉE SOLAIRE DE 24 HEURES EST
LA MESURE DE TOUTES LES ENTREPRISES
URBANISTIQUES.

LE SOLEIL SE LÈVE

LE SOLEIL SE LÈVE A NOUVEAU

ル・コルビュジエの都市計画の基準 太陽による24時間の1日は都市計画のすべての尺度

ル・コルビュジエは、北欧を含むヨーロッパ、アフリカ、南北アメリカの数多くの都市、工業地区、農村の計画をした。彼の都市計画の基本は、太陽、空間、緑だ。そして、太陽が与える1日24時間の周期と住居、労働、心身の保養、交通の四つを要素とする。

　最初の計画は1922年の「300万人の現代都市」だ。中央に高層ビルの業務地区、その足元に商店、文化の施設、周囲には住宅地区。直角格子と斜め格子を重ねた道路を提案。合理的な人口密度の増加、交通の解決、緑地の整備を唱えた。

　1930年には「輝く都市」の住棟案を発表。住宅の高層化とピロティによる地上の有効利用、歩車分離、東西型の住棟配置を提案。マルセイユのユニテ(1952年)の2戸3層構成の原型は、この計画で完成した。「輝く都市」の全体計画は1935年に出版された。

　ル・コルビュジエの都市計画は報われない仕事だったが、彼に機会が訪れた。ネール首相から新しい州パンジャブの首府、チャンディガルの計画を依頼されたのだ。そこはインド北部のヒマラヤを望む高原だ。彼は、1940年に別れた従弟のピエール・ジャンヌレを呼び寄せ、再び協同した。彼は、インドの広大な土地を見て、平面的な計画を選んだ。彼は全体の計画とカピトルと呼ばれる行政中心の建物を担当したが完成を見ずに没した。インドの政情が不安定になる中、チャンディガルは、その後も着実に成長しつつある。

300万人の現代都市計画案 1922 ル・コルビュジエとピエール・ジャンヌレ。駅前広場のカフェから見た眺め。都市の原理として高層化、自動車道路網、緑化が提案された

ル・コルビュジエが
日本にやって来た

　1954年4月、前川は返還される松方コレクションを展示する美術館の設計依頼をル・コルビュジエに手紙で打診した。日本の美術関係者の意向と外務省の依頼によるものだ。ル・コルビュジエは承諾し、設計料一千万円を提示。1955年11月、ル・コルビュジエは現地調査のため来日。レジオン・ドヌール勲章を胸に羽田に降り立った。8か月後に基本計画案到着。その9か月後に基本設計到着。実施設計に9か月、工事に12か月の後、1959年6月に開館。半世紀を経て重要文化財になり復原の機会が訪れている。「ル・コルビュジエ館」として新しい出発が期待される。ここでは実施設計と現場を担当した私の記憶と資料をもとに創建時から現在までを振り返る。

カット／ル・コルビュジエ来日当時の上野公園と凌雲院(西洋美術館本館敷地)。1955年

文化センターは贈り物

上 **文化センターの全体計画スケッチ 1956** ル・コルビュジエ。基本計画ポートフォリオの図24に示されたもの。左が美術館、上が劇場、右が企画巡回展示館。中央の広場は美術館と同じ正方形が二つ。それに対して美術館は黄金分割の位置にある。この文化センター案はル・コルビュジエから敗戦国日本への贈り物だった

下 **ル・コルビュジエ・センター 1967** ル・コルビュジエ。上野で実現されなかった企画巡回展示館の案は、彼の没後2年、チューリッヒに完成。この展示館は1950年、パリに提案されて以来、世界各地で5回も提案されたが、これが最初の実現だ

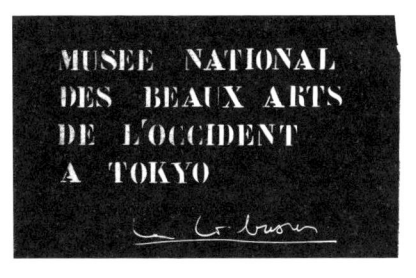

基本計画ポートフォリオ 1956年7月到着の基本計画の説明ポートフォリオ表紙。内容は図面(淡彩着色)、模型写真、スケッチ。版形はCIAMグリッド、21×33cm(モデュロール)、印画紙の螺旋綴じ、26の図版

地上階広場の動線計画 ポートフォリオの図2。動線がCIAMルールの黄色(水平動線色)で記入されている。駅からの動線はない。実施案ではやむなく、実施案では企画巡回展示館と前庭をつなぐ入口を駅側の門とした。模型1階平面は東側にスロープがある最終案の3か月前の案

文化センター全体模型 ポートフォリオの図13。美術館、劇場、企画巡回展示館に囲まれた広場はアート・フォーラムだ。配置の原理である2つの正方形の中点を表現する障壁が見える(25頁参照)。企画巡回展示館の位置には本館竣工の前年に前川國男設計の東京文化会館が着工

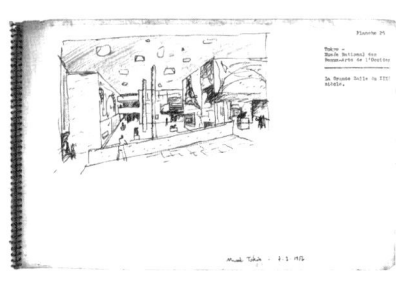

19世紀ホールのスケッチ(最終案の3か月前の案) ポートフォリオの最後の頁、図25。スロープの位置と天窓が実施案と異なる。天窓の大小の穴から光が降る(下の断面図参照)。ル・コルビュジエの署名と3月7日の日付。この後、天窓は現在の三角型に変更された

最終案の3か月前の案(断面図) 19世紀ホールの天窓は三角型ではなく、ロンシャンの礼拝堂の窓を天井にしたような案。左は講堂。右はレストラン。1956年3月頃の図

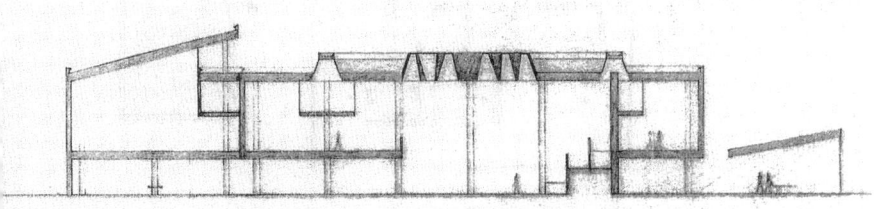

ル・コルビュジエは、チャンディガルへの往路、1955年11月2日から9日までの8日間、日本に滞在。上野の敷地を調査し、弟子たちの案内で鎌倉の近代美術館、京都、桂離宮、東大寺などを訪れた。彼の日本建築の印象は、壁がなく細かすぎると批判的だ。私の考えでは、日光東照宮や一畳台目の極小の茶室を見せたかった。敷地の調査は関係者が多すぎたため、彼は弟子たちの案内で秘かに訪れて再度調査したという。しかし、自動車で訪れたためJR駅からの人の流れは読み切れず、上野公園の軸線からのアクセスを重視した。その結果、美術館へ至る広場への入口は初期のスケッチから計画案まで、すべて公園側に設けられている。屹立した劇場をJR駅側に配置したのも、この考えに沿うものだ。この後、要求された敷地の地盤資料、日本の構造基準が担当の横山不学からパリに送られた。

　基本計画は1956年7月に到着。それは、青写真の図面3枚と説明用のCIAMグリッドのポートフォリオだ。他に2通の補足ノートがあった。計画案は広場を囲む美術館、企画巡回展示館、劇場からなる文化センターだ。それは、彼が、1950年以来、機会あるごとに提案してきたフォーラムを囲む総合文化施設だ。ポートフォリオに綴じられたその俯瞰スケッチは、左上の地平線にla ville（ラ・ヴィル＝都市）と文字の記入がある。終戦後10年の復興途上でビルもない東京の下町の景色だ。彼は上野の崖の上に立って、この景色を見たのだ。そして、美術館を中心にした芸術のセンターをつくり、文化情報から閉ざされていた敗戦国日本への贈り物にしたのだ。当時、敷地である凌雲院の庭は復員者や浮浪者の小屋に占拠され、道路は泥のままで、雨天には、ぬかるみになる有様だった。

　到着した図面はトレースされて焼き増し後、関係者に配られ検討された。美術館は無限成長美術館を下敷きにしたものだったが、断面図に示された採光の方法は、美術館として疑問視され、修正依頼書(76頁参照)がつくられた。それは、美術館以外の施設の除外、講堂・図書室棟と貴賓室の中止、仕上げの変更など予算縮小の依頼とともに1956年12月、日本側からル・コルビュジエに送られた。

矢つぎばやに質問

ル・コルビュジエ氏 凌雲院跡を初視察

矢つぎばやに、周り囲を見まわしながら「ここはは大磯の面影をつけて」「これは使える」と歓心をよせた。

朝霞駅の前川国男、坂倉準三、吉阪隆正の三氏も集まってきて、久しぶりに開会するようで「設計費はとクッと握って来たぞ」と上機嫌であった。

「百間廊下」の凌雲院跡を背景にしてコルビュジエ氏ガホ点、吉阪氏が五点、大学スタジオのようにも色々とレンズをむけてとる事ができた。一帯の野原をめぐって一歩一歩、歩調は測り、学、参半スケッチをとってゆき、参の奥行一頁中に入り、内庭を歩きまわり「この設計は素晴しい、大しに敬意を表する」と語った。

コルビュジエ氏は「コルビュジエ氏をはじめ当地の設計事務所の面々は意を強くして三階の建物が集会場でも本格的な設計に取り合い、そこにはもちろん、すぐ実現しようかというス冨士、冨士二年で完成する予定だ」と、冨士の設計は一年で完成するそうだ。

「地獄門」記録的興行
【ニューヨーク三日発＝ロイター】大映映画「地獄門」は昨年十

R・クリちゃん 根本進
かんじがてるね

渡雲院跡を視察するル・コルビュジエ氏

上　**ル・コルビュジエの来日**　上野の敷地調査を報じる1955年11月3日の朝日新聞記事。写真左から前川、坂倉、田付辰子（本館の設計依頼で最初にル・コルビュジエと交渉した外務事務官）、吉阪、ル・コルビュジエの諸氏

ル・コルビュジエ来日中のスケッチ

上　羽田、伊丹間の機中から富士山
中　東大寺の軸吊の大扉
下右　桂離宮、松琴亭中立。四ツ腰掛。中国経由のスバスチカ。彼はそれぞれの腰掛の奥行寸法を変えるという日本人の知恵に気付いたのか

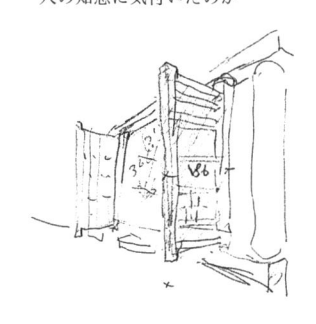

下　**ル・コルビュジエと坂倉準三**　京都、奈良訪問のため羽田から伊丹空港に降り立つ。1955年11月

設計図が到着する

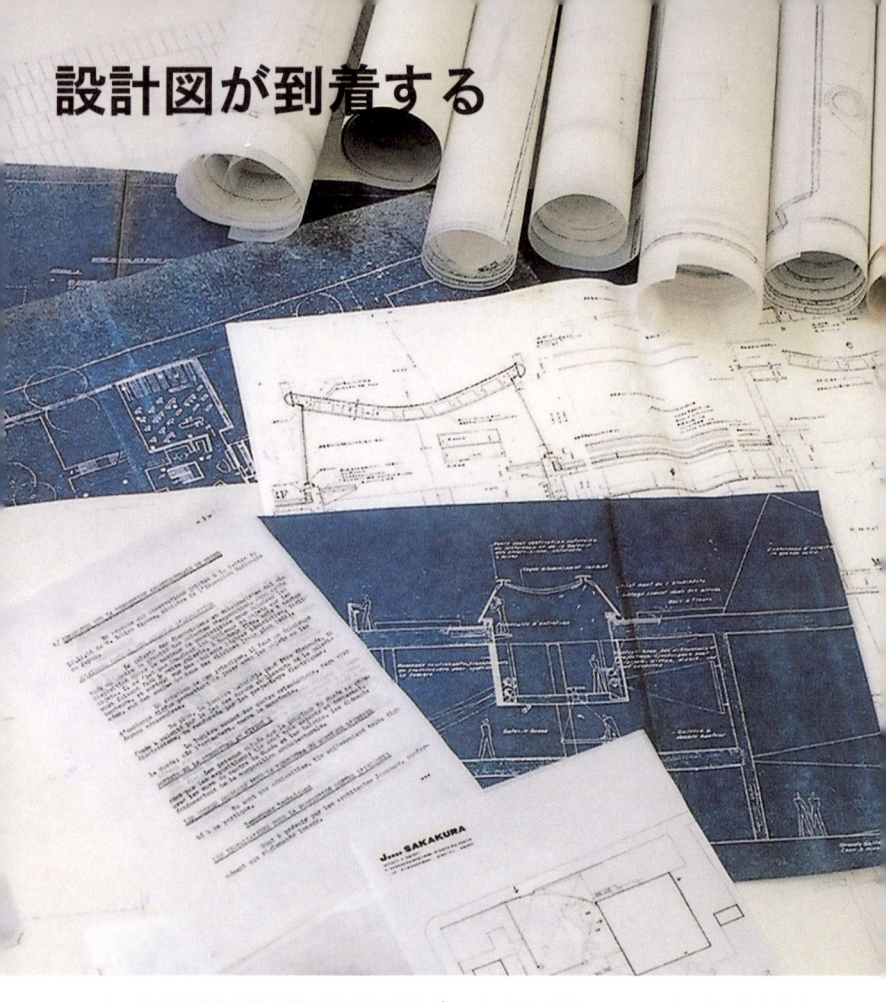

上 **国立西洋美術館の基本設計図と説明書** 1957年4-6月にル・コルビュジエから送付。第二原図により増刷、建築、構造、設備担当の事務所に配られ実施設計が始まる

下 **実施設計構造図** 軸組配筋詳細図。前川、坂倉と構造担当の横山不学のサイン

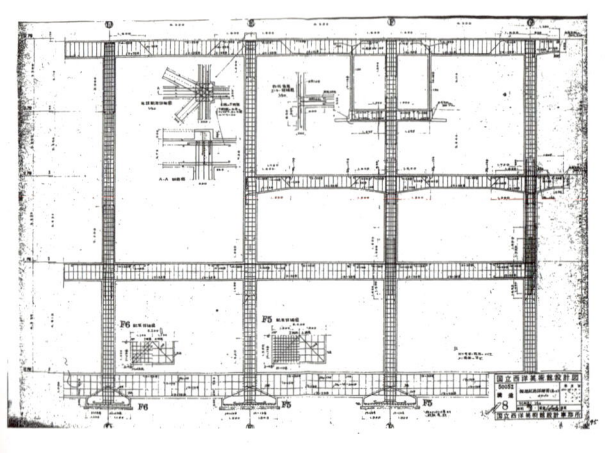

3人の弟子 [ ]内はル・コルビュジエ・アトリエ在籍年

前川國男 [1928–30] 東大(工)卒。前川國男建築設計事務所長。日本建築家協会長他

坂倉準三 [1931–36, 36–39] 東大(文)卒。坂倉準三建築研究所長。日本建築家協会長他

吉阪隆正 [1950–52] 早(理工)卒。早大教授。U研究室主宰。日本建築学会長他。著述家で、登山、探検家

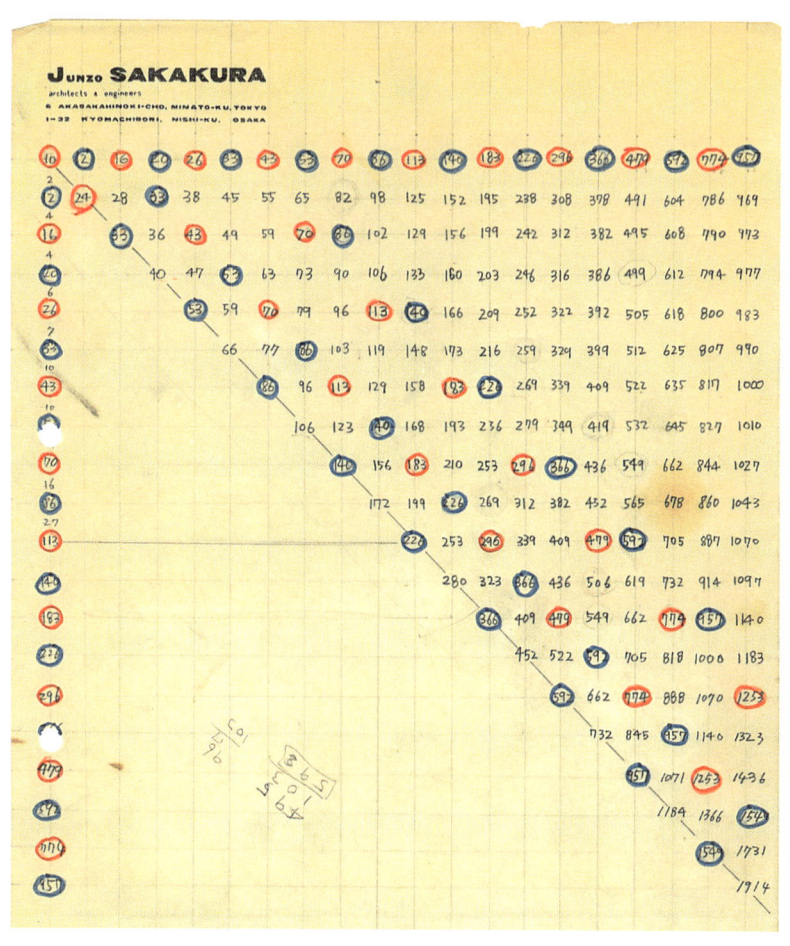

上　**モデュロール早見表**　現場の設計室で使われた表。モデュロールと、その加算値(赤赤、青青、赤青)を示す。実施設計の修正、変更の寸法決定に用いられた(作成 藤木忠善　坂倉準三建築研究所　1958)

前川國男(1905–86)
初の弟子。モダニズム正統派

坂倉準三(1901–69)
西洋美術と日本民芸に通暁

吉阪隆正(1917–80)
ジュネーブ育ちの国際人

基本設計は1957年4月から6月にかけて到着。図面11枚、縦ダクト打ち合わせ図、設計説明書(A4変形、24頁)、第二原図だ。日本側の修正依頼は、講堂棟と貴賓室の中止以外は拒否された。ル・コルビュジエは、その理由を設計説明書の冒頭に掲げた。絵の反射は展示の高さを変えたり、可動展示パネル(61、63頁参照)を用いることで解決可能。直射光は照明ギャラリーの引戸で調節可能。太陽の動きは、館内の明るさを変化させるが、それは単調さを救うとした。ル・コルビュジエ側が変更した点は、天窓の換気スリット中止。19世紀ホールに面した2階バルコニー上部の、中3階部分の壁を切り欠いたことだ。

　基本設計図は、断面図と地階(機械室等)平面図がなく、階段の手摺、柱を含む二重壁の内部は記入なし。立面図は屋上の天窓が省略。平面図は縮尺のみで寸法記入がないなど通常とは異なっていた。寸法は部分的な標準断面図に記入された柱間、柱径、天井高、床の厚さのみだ。設計説明書にもモデュロールの説明は特にない。その他の部分は、図面を物差しで測りモデュロールを確認し、決定した。壁の薄い日本では設計が心々制だが、原設計では平面寸法が欧米式の面々制なので、その書き換えと計算に苦労した。仕上げは設計説明書で簡単な指定がある。色彩の指定は展示室のみだ。構造と設備の図面はなく設計説明書に数行の記述がある。

　この図面と説明書では、入札は不可能で実施設計が必要となり、国立西洋美術館設計事務所(代表坂倉)が設立され分担が決まった。一般図作成と階段の設計は吉阪、詳細設計は坂倉、構造と設備の設計は前川と決まり、各事務所で作業が始まった。設計料は既に支払い済みで、実施設計には、文部省の謝金などが充てられ、80枚を超える図面と仕様書が完成した。工事の予算は、財界と芸術家が集めた募金1億円と国の予算が5千万円。国民が燃えた稀有な公共建築だ。

　原設計が変更された点は、ル・コルビュジエの承認を得て、1階の柱の径が53cmから60cm、2階は43cmから55cmになった。いずれも鉄筋が収まらないという理由だ。その他、玄関のガラス面の室内側、大窓など各所に安全と防火のためシャッターが設けられた。

3人の弟子たちの作品

坂倉準三 パリ万博日本館 1937 スロープで巡る館内は師ゆずりの「歩いて感じる建築」。屋根がないのに日本的な姿と空間。軽快な鉄骨造の中に日本建築の精神を表現し、グランプリに輝いた坂倉準三の世界デビュー作。モダニズムに迎合しない姿勢がある

吉阪隆正 ヴェネチア・ビエンナーレ日本館 1956 ピロティの上に正方形の平面。構造はスバスチカ型に立てられた板柱。中央に天窓があり展示空間もスバスチカ型。師ル・コルビュジエの主張する四角い螺旋型美術館にヒントを得た建築

前川國男 ニューヨーク世界博日本館 1964 ほぼ正方形の平面。石積みの壁は彫刻家流政之の作。屋根は中央の柱から吊られ館内に柱はない。内部はスロープで巡る順路。前川は1958年のブラッセル万博の日本館、国内の公立美術館多数を設計

鎌倉近代美術館 1951 坂倉準三。指名コンペ当選作。1937年のパリ万博日本館を発展させた作品。魅力的な内外空間の相互貫入、歩いて感じる建築を見事に実現。環境と建築の調和、伝統と近代の融合した歴史的価値のある建築に選ばれ、保存が叫ばれている

建設が始まる

上 **工事中の展示回廊天窓** バットレスに支持されたリブ付の曲面屋根。この開口部に波型ガラスが取り付けられる

下 **工事中の現場俯瞰** コンクリート打設中の工事現場、1958年9月。中央の三角屋根は19世紀ホール天窓。それを取り囲む展示回廊天窓の曲面屋根

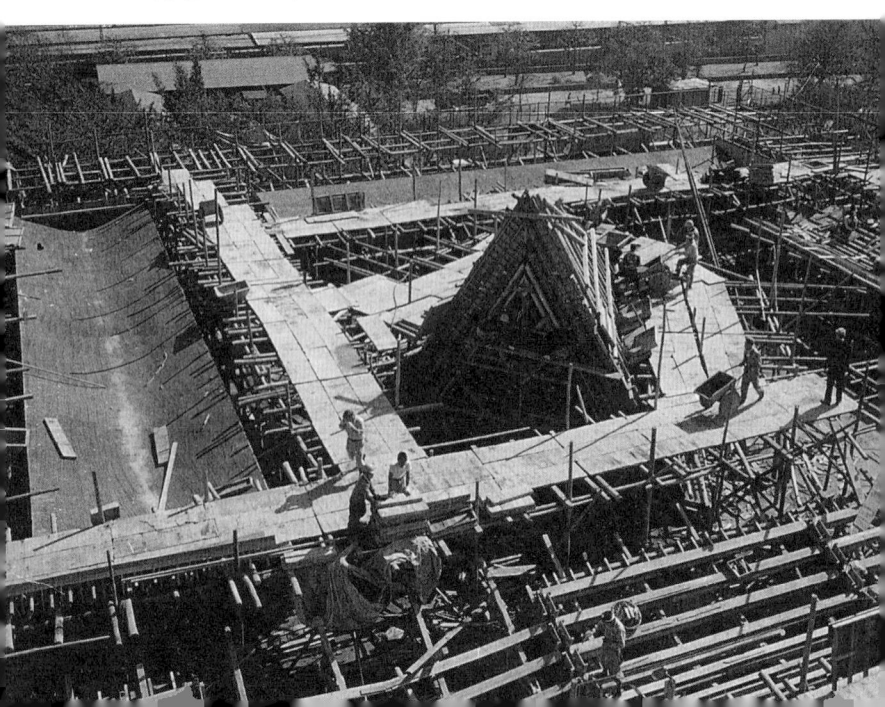

右 **アンドレ・マルロー仏文化相の現場視察** 文化交流促進のためドゴール首相特使として来日したA・マルロー仏国務大臣が1958年12月10日国立西洋美術館工事現場を視察。南外階段を降りる一行。右から坂倉準三、A・マルロー、森丘四郎（清水建設主任技師）、一人おいて吉阪隆正、藤木忠善。マルロー氏の左後ろは灘尾文部大臣

下 **工事中の屋上** 型枠を外し、姿を現わした19世紀ホール天窓。アルミ屋根材でカバーするのは惜しい幾何学的形態。手前は展示回廊天窓。煙突は建物内に収まらず独立となった。実施設計は角型。現場で丸型に変更。その後、燃料が変わり撤去

1958年1月、入札。3月、工事着工。清水建設の現場主任は森丘四郎（1906–1992）。リヨンで建築を学び、パリのオーギュスト・ペレ事務所でRC造の仕事をした滞仏7年の技師だ。前川の仕事を担当し、技師の良心を買われて指名された。建物の経緯から所管が建設省ではなく文部省になり、工事監理は文部省教育施設部工営課の技官柏木健三郎以下3名が常駐。地盤強化、基礎変更などで、工事費は8千万円増えたが、彼が追加予算の処置をして事なきを得た。

　現場での私の役割は、変更などを吉阪と相談してパリに連絡してもらうこと、もう一つは設計だ。実施設計図には弟子3人の署名はあるが、分かれての作業だったので、吉阪流、坂倉流、学生流の設計、モデュロールに無頓着な図面もある。吉阪から、全作品集、特に出たばかりの第6巻の彼が担当したジャウル邸を見て直すよう指示が出て、内外の階段など多くの実施設計図が現場で修正、再設計された。したがって、美濃紙に書かれた施工図が復原にとって重要な記録だ。モデュロールは、芸大での吉阪の講演を聴いていたうえ、吉阪訳の日本語版『モデュロール』が出版され、興味があって研究していたことが役立った。

　ル・コルビュジエは「円柱の型枠は滑らかなコンクリート面が得られるような半円筒形の鋼板製とする」と設計説明書で指定した。実施設計では打ち放し部分の鋼板型枠の経験不足から、耐水合板を円形に成型し、その内側に樹脂を塗った型枠を指定したが、慎重な森丘は木製型枠を提案し、ル・コルビュジエの承認を得て決定した。

　ル・コルビュジエの海外作品のつくり方は、その国の弟子やシンパが彼の建築について学習済みであることが前提だ。敷地も現場も見ずに完成し作品集を飾る。彼にとって原型の実現が関心事で、細部は弟子たちに任せることで、コルビュジエ的でありながら、しかも風土的な建築が完成するのだ。この本館に、インドの荒々しい仕上げを期待した建築家がいたが、それは、頭に載せたカゴで運ぶ固練りコンクリートの結果なのだ。それは日本の美意識では不可能だ。ル・コルビュジエは、それを知っていた。彼は坂倉が送った竣工写真への返事に、「美術館の仕上がりは完璧で、私は満足だ」と書いた（1959年9月7日付、坂倉準三宛書簡）。

創建時の建築データ 敷地面積　7,100m^2　延べ面積　4,180m^2

上 **鉄筋継ぎ手のガス圧接** ピロティの円柱は鉄筋が多く、曲げ継ぎ手が使えず鉄筋を直接、圧接

左 **円柱の型枠の建て込み** 型枠の内側に鉄筋によるキズがつかないように鉄板製のサヤ管を先に建て込み、型枠を建て込んでからサヤ管を抜く方法が考案された

下 **円柱の型枠** ル・コルビュジエの要求する打ち放しコンクリートの仕上げに近づけるため、型枠材は模型用などに使われるヒメコマツ材。型枠は工場で製作

「ル・コルビュジエ館」へ

上　**日本風庭園に囲まれた国立西洋美術館** この囲い込みによって、ル・コルビュジエと前川が望んだ西洋美術館と文化会館の空間的連続が損なわれた

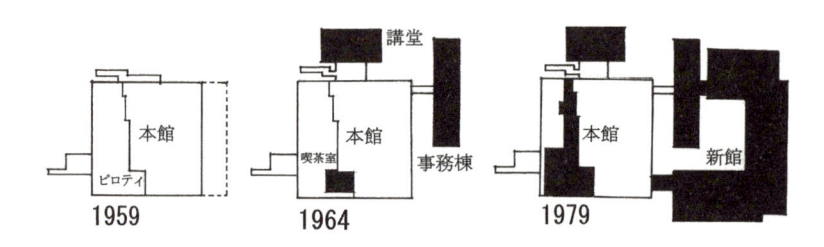

```
    本館           講堂              
 ピロティ    喫茶室 本館 事務棟    本館  新館
  1959          1964            1979
```

下　**浮かんだ本館 1997** 免震化工事のため168本の鋼管杭によって仮支えされた本館。この後、49個の免震ゴムが柱の下に設置され原型保持しながらの免震が実現

上左 **管理棟の増築 1997** 地下の企画展示館搬入口のため本館北西側に接して管理棟が増築。設計は前川建築設計事務所

上右 **新館への穴 1979** 増築された新館への連絡のため本館展示室東隅に穴が開けられた。新館設計は前川國男

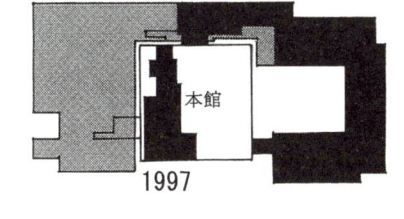

左 **増築の歴史** 黒色部分が増築。グレー部分は地下の増築。本館内側の黒色部分はピロティ内の増築。点線はル・コルビュジエ原案の増築案。1979年の増築は1968年に入手した隣地の利用。それは無限成長の理論の安易な実行に見える（作成 藤木忠善）

右 **チャンディガルの美術館講堂 1968** ル・コルビュジエ。これは彼の3つの美術館の中で唯一、実現した講堂。前入り型でステージ左端の後ろが講堂入口。本館の講堂原案も同じ前入り型。日本では好まれない型だが、彼はこれが好みだ。本館でも、原設計通り、講堂と図書室建てられれば、彼の美術館が完成するのだ

本館は半世紀の間に数奇な運命をたどった。1953年、松方コレクションの返還が決まると、本物の西洋美術が来るという興奮の中で、政財界、美術界が募金や協賛美術展を開き建設資金を集めた。ル・コルビュジエへの設計依頼も、彼らの意向があったという。開館すると、その建築に賛否両論が起こり、2度の増築を経て、免震化により原型維持を果たすものの、利便性を求めて留まるところを知らないつくり込みによって、創建時の本館の姿と雰囲気は失われた。

　原設計では本館の展示面積1,500㎡に合わせて玄関ホールが設計された。今では、新館1,500㎡と地下の企画展示館1,400㎡の観客も、ここを利用する。この3倍の負担が玄関ホールを喧騒な場所にした。その象徴が、前庭の地下に増築された企画展示館の出口用エスカレータが本館の玄関ホールへ設けられたことだ。日本には平等院鳳凰堂や長谷寺のように軒の出を重ねて棟をつなぐ伝統的な方法がある。新館を一筆書きの動線で結ぶことにこだわらなければ、ピロティを活かした別棟の連結による増築も可能ではなかったのか。

　阪神淡路大震災の後、耐震基準が見直され、本館の補強が必要になった。ピロティの柱を太くし、耐震壁を新設する案が出された。私は耐震補強の検討委員会で、それでは、本館の原型が失われると主張。賛同が得られて、原型を変えずに耐震を実現できる建物全体の免震化の方向が決まった。この工法は免震レトロフィットと呼ばれ、1998年に実施された。建物を一旦、杭で支えながら地盤との間に積層ゴムを入れ地震力を吸収する仕組みだ。ゴムは約60年で交換される。

　原設計の講堂と図書室の実現も夢だ。それらは地下に新設されたが、ル・コルビュジエの考えは、それらを絵や彫刻のそばに置き、美術館の施設としての特性を与えたのだ。その図書室は、前庭の彫刻を眺めながら、美術書が読める魅力的な空間になるはずだった。

　国立西洋美術館はスペース・デザイン諮問委員会を設置、本館を復原し、新しい名称を「ル・コルビュジエ館」とすること、敷地の拡張などを答申。日本建築学会により本館の歴史的価値の調査が行われ、文化庁によって重要文化財に指定された。続いてフランス政府申請により、本館は他のル・コルビュジエ作品6カ国、21点と共に世界遺産の候補に挙げられた。今後、天窓開放、展示ブース、正面テラスの利用、19世紀ホールの壁画などの実験がなされ、本館各所の復原が進み、新しい「ル・コルビュジエ館」の誕生が待たれる。

上 **事務棟と講堂の増築 1964** 坂倉準三(担当 藤木忠善)。本館を傷めずに要求を満たす設計。寸法はモデュロール。講堂と事務棟は1997年の増築の際に撤去

中左 **旧事務棟** 本館の事務室などが狭いため、別棟として建設。外壁はRC打ち放し

中右 **旧講堂** ル・コルビュジエのステージ側を入口とする原案が受け入れられず、横入に変更。本館玄関ホールから講堂ホワイエに接続。257席。外壁はRC打ち放し

下 **免震化工事の断面図 1998** 阪神淡路大震災の後、耐震補強が求められ、現状を変更しないため建物全体を免震化。図中の黒い部分が設置された免震ゴム

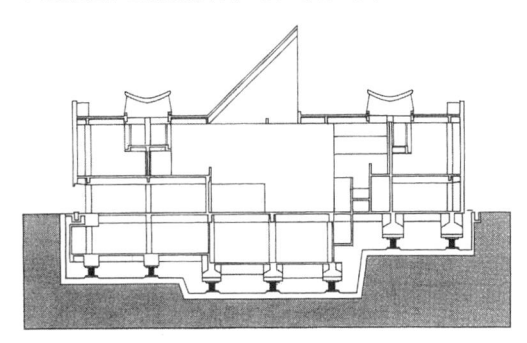

国立西洋美術館本館　建築年譜　1951–2009

1951		サンフランシスコ平和条約調印、日本はフランスに松方コレクション返還を申し入れ。
1953		フランスは日本に松方コレクションを収蔵する美術館建設を打診。日本はそれを確約。
		吉阪隆正(前年ル・コルビュジエ事務所から帰国)、東京芸大で「モデュロール」の講演。
		フランス美術館(現西洋美術館)設置準備協議会発足、設計者にル・コルビュジエの案。
		ル・コルビュジエ著「モデュロール」吉阪隆正訳出版。
1954	**02**	松方コレクションを収蔵する建物、新美術館の敷地調査のためルーブル美術館長ジョルジュ・サール来日。美術館は必要、敷地は東京の文化地区である上野が適当とした。
	03	フランス美術館設置準備協議会は松方コレクションのための国立美術館を上野公園の凌雲院跡地に建設するように文部省に答申。
	04	前川國男は外務省の意向を受けて、ル・コルビュジエに新美術館の設計を打診。
	05	ル・コルビュジエから前川國男に、受諾希望の返事。1000万フランの設計料を提示。
		松方氏旧蔵コレクション国立美術館建設連盟設立。募金開始。
	09	ル・コルビュジエは日本に対し新美術館の設計に前川、坂倉、吉阪3氏の協力を要請。
1955	**01**	ジョルジュ・サールは新美術館の設計者はル・コルビュジエが最適任と日本側に表明。フランス美術館設置準備協議会も新美術館設計者に同氏を推薦。
	02	日本はフランス側の意向を受けて、新美術館の設計者をル・コルビュジエに決定。協力建築家として前川國男、坂倉準三、吉阪隆正の3氏を指名。
	10	ル・コルビュジエは新美術館の設計を受諾、日本側と国立西洋美術館の設計契約締結。
	11	ル・コルビュジエは美術館の敷地調査のため来日。上野公園凌雲院跡地を実地調査。
		日本はル・コルビュジエに設計料の半額の500万フラン(500万円)を支払う。
		坂倉はディーゼル博士記念庭園建設のため渡独の途次、建設中のチャンディガルを視察、ル・コルビュジエと会い東京上野の美術館周辺の綜合計画を非公式に依頼。
1956	**03**	吉阪はビエンナーレ日本館建設のためヴェネチア滞在中パリにル・コルビュジエを訪問。
	07	ル・コルビュジエより国立西洋美術館基本計画案(図面3葉、ポートフォリオ、ル・コルビュジエの設計ノート、メゾニエの説明ノート)が到着。
	09	日本側はル・コルビュジエに設計料の残額500万フラン(500万円)を支払う。
	12	日本側はル・コルビュジエの計画を検討し修正案をつくり、それに基づく設計を要請。
1957	**02**	ル・コルビュジエは日本側の修正案に対して、修正の必要なしと回答。
		アンドレ・メゾニエと吉阪は数回にわたり書簡を往復し、空調関係の打合せを行う。
	03	前川はブリュッセル万博日本館建設のため滞欧中、パリにル・コルビュジエを訪問し、国立西洋美術館の設計修正案の打合せを行い日本側に報告。
	04	ル・コルビュジエより国立西洋美術館の基本設計図(図面9葉)到着。
	05	ル・コルビュジエより日本側に基本設計図の追加図面(立面2葉)、空調に必要な2か所の縦ダクト位置を指示する図面が到着。
		第1回設計会議開催、文部省、前川、坂倉、吉阪出席。実施設計の担当などを検討。
		国立西洋美術館設計事務所(代表 坂倉準三)開設、実施設計開始。
	06	ル・コルビュジエより日本側に設計図増刷用の第2原図(9葉)と設計説明書が到着。
		坂倉はトリエンナーレ展日本会場設営のためミラノ滞在中、パリのル・コルビュジエのアトリエを訪問、国立西洋美術館設計担当のアンドレ・メゾニエと会い、設計説明書の内容について打合せを行い日本側に報告。
	07	第2回設計会議、文部省、前川、坂倉、吉阪出席。以降実施設計完了までに4回開催。
	11	ル・コルビュジエは吉阪へ2階展示室の可動展示パネルの詳細送付。
	12	吉阪は早大アフリカ遠征隊参加の途次、インドのアーメダバード美術館視察。
1958	**01**	国立西洋美術館設計事務所は実施設計を完了、建築工事入札、清水建設が落札。
	03	国立西洋美術館新築工事着工。
		吉阪はル・コルビュジエに19世紀ホールの写真壁画の詳細指示を催促。
	12	アンドレ・マルローフランス国務大臣来日、国立西洋美術館工事現場視察。

		吉阪はリオ・デ・ジャネイロ国際都市シンポジウム出席の帰途、パリのル・コルビュジエを訪ね国立西洋美術館の設計打合せを行う。
1959	01	ル・コルビュジエは前川、坂倉、吉阪へ19世紀ホールの写真壁画について説明を送付。
	02	吉阪はル・コルビュジエに電信で19世紀ホールの写真壁画詳細資料の送付を要請。
		彫刻の屋外設置打合せ会議が現場で開催、文部省が彫刻の屋外展示に塀の設置を要求。
		ル・コルビュジエから吉阪へ19世紀ホールの写真壁画の意図説明、透視図が到着。
	03	国立西洋美術館新築工事竣工。写真壁画は案が間に合わず見送られた。
		ル・コルビュジエは吉阪へ国立図書館(パリ)に通い19世紀ホールの写真壁画のモチーフを研究しているが、写真壁画を開館までに完成させることは無理だと連絡。募金で費用を集め6、7月に準備して8月に施工、10月に来日ではどうかと打診。
		ジョルジュ・サールはル・コルビュジエから19世紀ホール写真壁画のモチーフについて問われ19世紀フランスの文学、科学など各界の偉人、歴史的建造物のリストを送付。
	04	ル・コルビュジエは吉阪に色彩の指示のための図面をチャンディガルへ送るよう要請。
		松方コレクションが横浜に到着、国立西洋美術館へ搬入。
	06	国立西洋美術館開館。
		ル・コルビュジエは日本へ、インドの仕事のため開館式には不参加だが、写真壁画の実施後、工事の確認と企画巡回展示館の位置決定のため、非公式に来日したいと連絡。
	08	日本はル・コルビュジエに19世紀ホール写真壁画製作予定、予算はない旨、連絡。
	09	ル・コルビュジエは坂倉から送付された竣工写真等を見て本館の完成度に満足し、3人の弟子の能力を讃え名誉だとし、日本の魂を感じる完全性だと返信。
	10	日本側はル・コルビュジエに非公式な2週間の招へいと、時期を打診。
1960	02	ル・コルビュジエは日本側の招待に対し、多忙のために断る旨を連絡。
1961		2階展示回廊のタブローテーク(引出し式絵画展示収納装置)撤去。
		国立西洋美術館において、ボジガー編の「ル・コルビュジエ世界巡回展・東京」開催。
1964		西側に講堂、北側に事務棟を増築(坂倉準三設計)。照明ギャラリー内に蛍光灯増設。
1965		ル・コルビュジエ没(77歳)。ピロティ内の東側に喫茶室増築(坂倉準三設計)。
1968		北側隣接地(寛永寺所有の墓地)を増築用地として取得。
1969		前庭入口の切符売場の可動式をあらため新設。
1979		新館増築(前川國男設計)により接続のため本館2階展示回廊北東隅に通路が穿たれた。
		本館内に新館ロビーがつくられ、ピロティ部分が3分の1に。1階の創建時の姿はほとんど失われた。中3階バルコニー3か所に倉庫が新設され19世紀ホールの空間に影響を与えた。
1983		屋上庭園の植栽プラント撤去。
1988		屋上天窓内に自然光と受熱量の調節のため遮光カーテン設置。
1994		外壁パネル取り換え、外断熱工事。大窓ガラスに紫外線防止膜を張り付け。
		講堂、事務棟、喫茶室(ピロティ内)、切符売場取り壊し(1964、1965年建設)。
1995		国立西洋美術館本館等改修検討委員会設置。本館建物全体の免震化を答申。
1997		前庭地下に企画展示館増築(前川建築設計事務所設計)。ピロティに切符売場とエレベータ増築。本館2階廻り階段のガラス囲い設置。本館西側に接して管理棟が増築。
		屋上天窓遮光塗料により完全閉鎖。正面バルコニーと外階段取り壊し。
1998		免震工事完了(1996年着工)。正面バルコニーと外階段復元。前庭無料開放になる。
2003		本館はDOCOMOMO JAPANにより保存に値する近代建築の「100選」に選定される。
2005		国立西洋美術館スペース・デザイン諸委員会設置。本館を復原し「ル・コルビュジエ館」の実現、敷地の拡張、新マスタープラン策定の3点を答申。
2006		国立西洋美術館は日本建築学会に本館建設の資料調査、歴史調査を委託する。
2007		日本建築学会は「国立西洋美術館本館歴史調査報告書」をまとめる。
		本館が重要文化財(建造物)に指定される。
2008		イコモス(国際記念物遺跡会議、ユネスコ諮問機関)は本館を現地調査。
2009		本館はル・コルビュジエの21の作品と共にユネスコの世界遺産候補となるが、見送られる。
2016	05	イコモスはユネスコへ本館を含むル・コルビュジエの17作品の世界遺産への登録を勧告。

ル・コルビュジエの原案

基本計画図 トレース紙に鉛筆仕上げ、図番はステンシル、文字はタイプ。陽画焼で到着

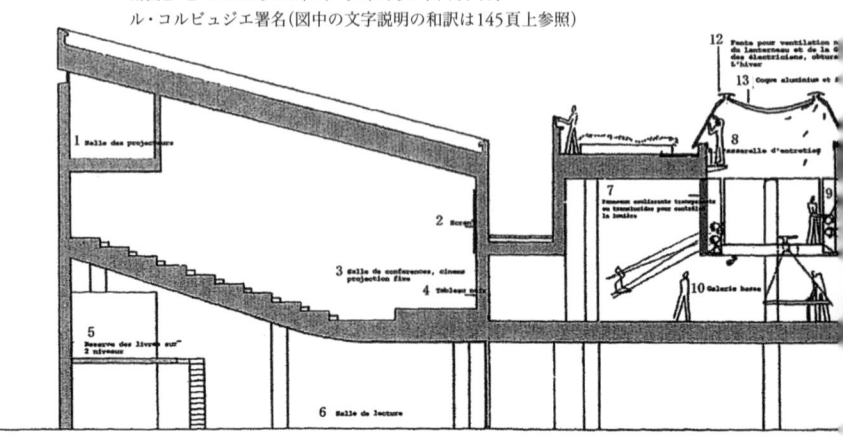

文化センター全体平面図 MuTo 5400、1／200、1956年7月9日、
ル・コルビュジエ署名(図中の数字の説明和訳は145頁上参照)

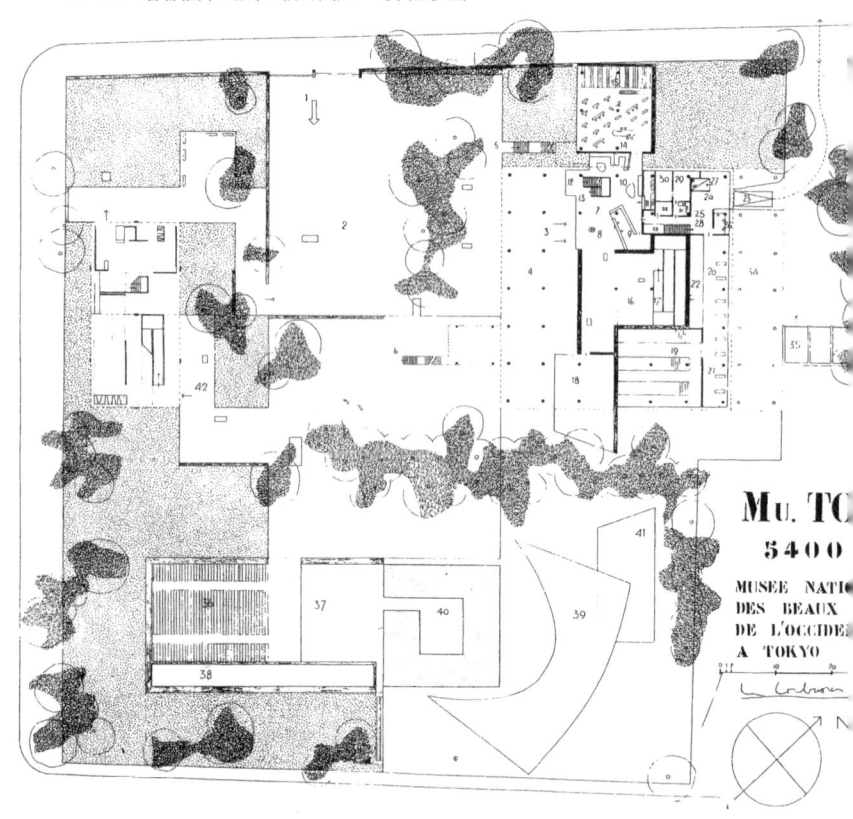

断面B-B MuTo 5402、1／50、1956年7月9日、
ル・コルビュジエ署名(図中の文字説明の和訳は145頁上参照)

レベル3、4、4-2、5平面図 MuTo 5401、1／200、1956年7月9日、
ル・コルビュジエ署名(図中の文字の説明和訳は145頁上参照)

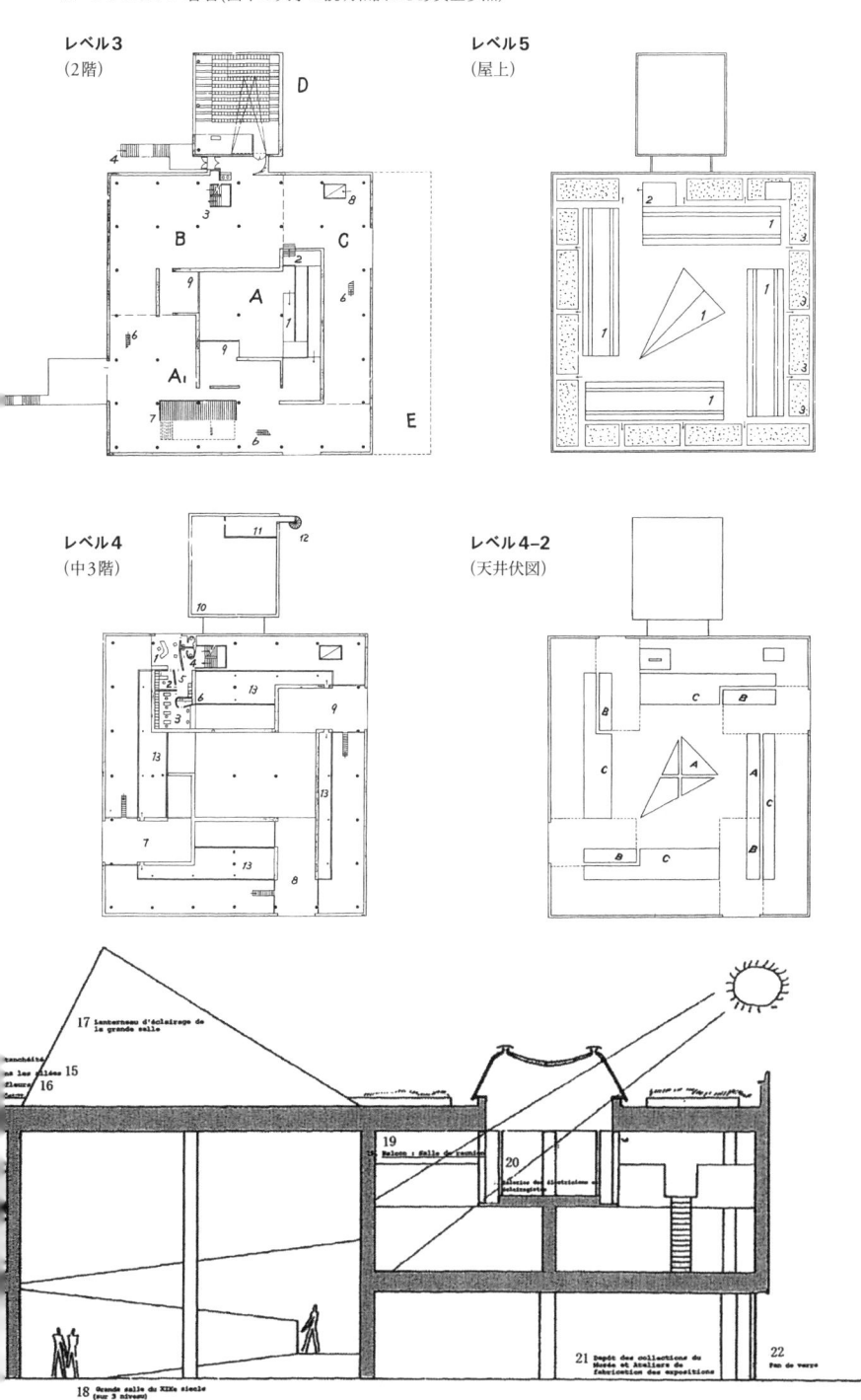

レベル3
(2階)

レベル5
(屋上)

レベル4
(中3階)

レベル4-2
(天井伏図)

17 lanterneau d'éclairage de la grande salle
15
16
19 Balcon : salle de reunion
20
21 Depôt des collections du Musée et Ateliers de fabrication des expositions
22 Pan de verre
18 Grande salle du XIXe siècle (sur 3 niveaux)

基本設計平面図 1／100

1957年3月26日、ル・コルビュジエ署名。
トレース紙に鉛筆仕上、図番はステンシル、
文字はタイプ、陽画焼+第2原図で到着

1. 入口／2. ポルティコ
3. 色目地セメント舗装と
   釉彩タイル埋め込み
4. 講堂への階段／5. 出口
6. ホール・切符売り場
7. 複製品売り場
8. 19世紀ホール
9. スロープ／10. クローク
11. 石のテーブル
12. 待合所／13. ベンチ
14. 図書室(増築予定)
15. サービス・守衛室
16. 機械室へのアクセス
17. 受付／18. リフト
19. 搬入口／20. 展示資材
21. 展示工房／22. 収蔵庫
23. 律動ガラス面

MuTo 5481
レベル2
ポルティコ～ホール～
19世紀ホール・サービス
（1階）

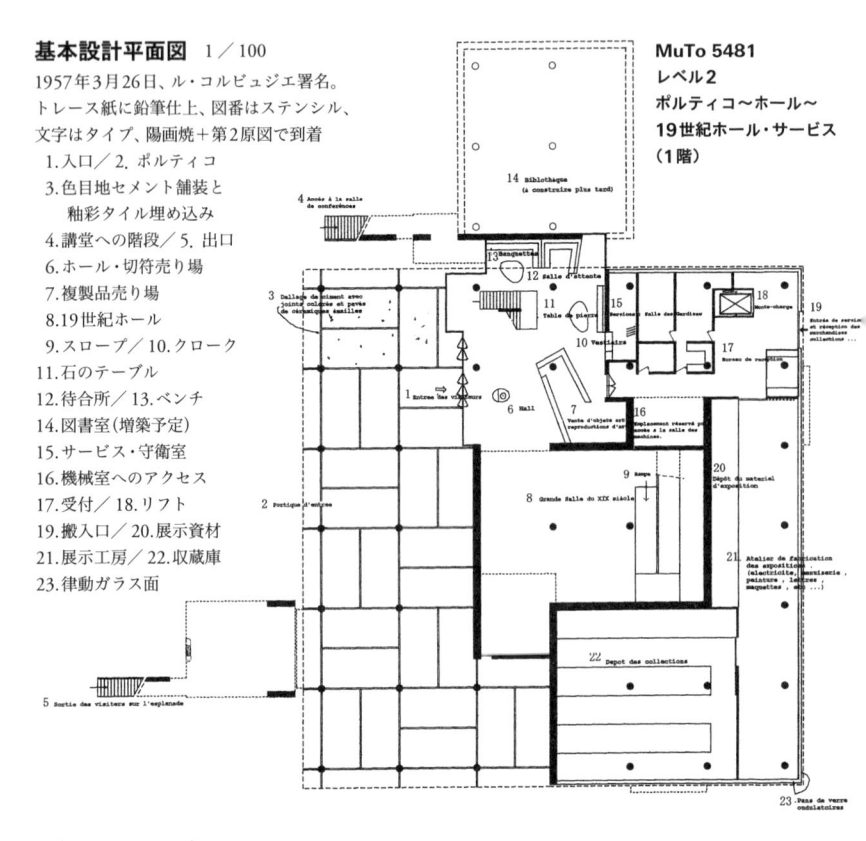

(注)基本設計図は全11枚
(19世紀ホール断面図2枚
は未完成)。第2原図は上記
2枚を除く9枚。ここでは立
面図3枚を省略。

MuTo 5484
レベル5
水勾配平面図
（屋上）

1. 天窓屋根／2. 縦樋
3. 屋根内部の水平排水管
4. 水平排水管
5. 排水口／6. 排水勾配
7. 階段／8. リフト機械
9. 屋根内部の排水合流管
10. 縦樋

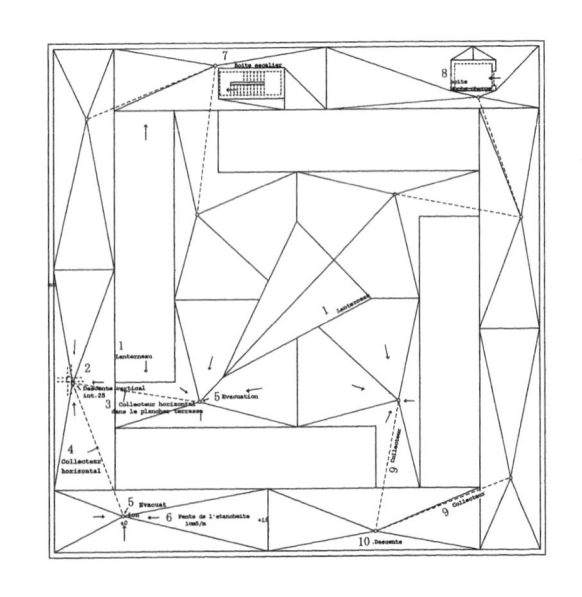

掲載されなかった基本設計図(次頁下に続く)
MuTo 5485 南西立面図 1／100 1957年3月26日 陽画焼+第2原図
MuTo 5488 19世紀ホール断面図 1／20 1957年3月26日(未完成)陽画焼

142

1. 19世紀ホールA展示
2. スロープ／3. A1展示入口
4. A1展示／5. 換気用扉
6. 金属枠大窓／7. テラス
8. RCと釉彩タイルのベンチ
9. 前庭への出口／10. 通路
11. 木製突出しパネル、
    高さ4m95cm.
12. 展示ボックス
13. B展示入口
14. 展示パネル
15. 閉鎖可能な照明スリット
16. B展示／C展示入口
18. 搬入リフト
19. ガラス面
20. バルコニー（中3階）
    への階段
21. C展示
22. 展示ボックス

MuTo 5482 レベル3
軽量組み立て式パネルによる
展示と展示ギャラリー
(2階)

縮尺　1／600

MuTo 5483 レベル4
電気技師と照明技師用通路
(中3階)

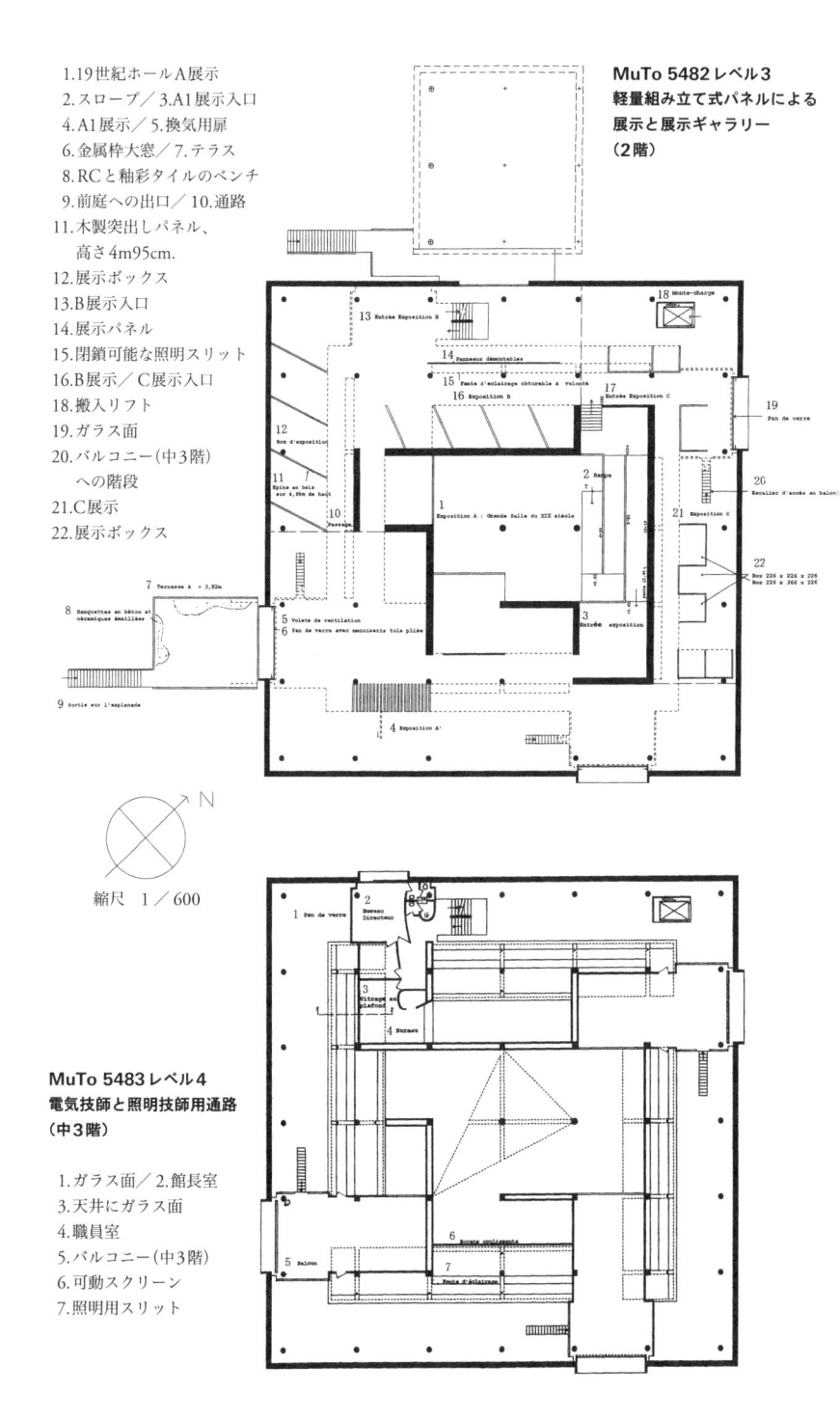

1. ガラス面／2. 館長室
3. 天井にガラス面
4. 職員室
5. バルコニー（中3階）
6. 可動スクリーン
7. 照明用スリット

MuTo 5489　19世紀ホール断面図　1／20　1957年3月26日（未完成）陽画焼
MuTo 5509　北東立面図　1／100　1957年5月2日　陽画焼＋第2原図
MuTo 5510　北西立面図　1／100　1957年5月2日　陽画焼＋第2原図

基本設計標準断面 寸法、構法、仕上材料の指定

MuTo 5487、1／20、1957年3月26日、ル・コルビュジエ署名。
トレース紙に鉛筆仕上、図番はステンシル、文字はタイプ、陽画焼き＋第2原図

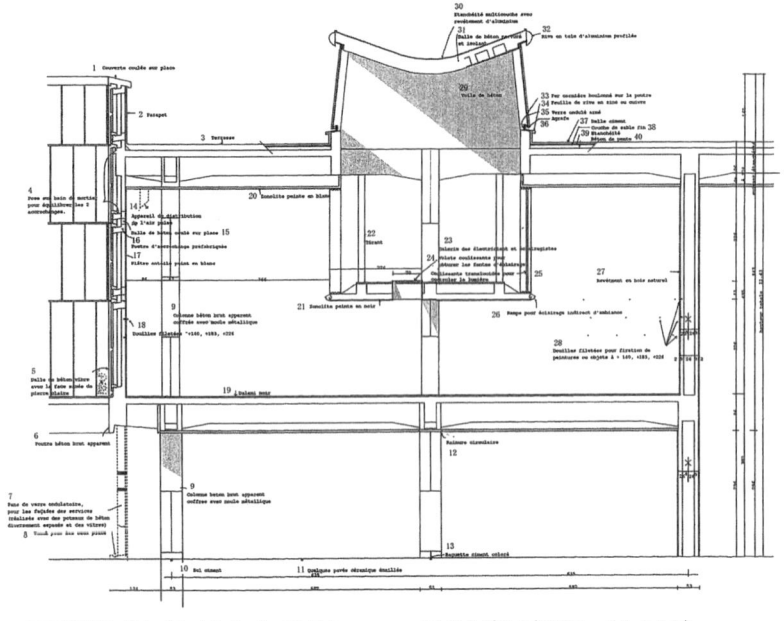

1. RC現場打ち笠木／2. パラペット／3. 屋上
4. 注ぎモルタルによる取り付け調整
5. 表面に明るい色の小石をまいて振動打ちしたPC板／6. RC打ち放しの梁
7. サービス部分外壁の律動ガラス面（様々な間隔で配置されたPCルーバーとその間のガラス面からなる）
8. 雨水を集めるための溝
9. メタル型枠によるRC打ち放しの円柱
10. セメント床／11. 埋められた釉彩タイル
12. 柱周囲の凹型目地／13. 色セメントの目地棒
14. 空気吹き出し口／15. RC現場打ちの壁
16. 外壁取り付け用プレファブ梁／17. 白プラスター
18. 140,183,226cmに配置された吊り金具
19. 黒色ダラミ（アスファルトタイル）
20. 白く塗られたゾノライト（吹き付け吸音材）
21. 黒く塗られたゾノライト／22. 吊り柱
23. 電気技師と照明技師のギャラリー
24. 照明用スリットをふさぐための扉
25. 光を調節するための半透明の引戸
26. 間接照明用ライト／27. 天然木材仕上げ
28. 140,183,226cmに配置された吊り金具
29. RCの幕壁／30. アルミ張りの防水層
31. リブ付RC屋根と断熱材
32. アルミ板を曲げた縁／33. 鋼製取り付け金具
34. 水切／35. 網入り波型ガラス
36. ガラス受けフック／37. 防水押さえセメント
38. 砂層／39. 防水層／40. 水勾配コンクリート

基本設計南東立面

MuTo 5485、1／50、1957年5月2日、
ル・コルビュジエ署名。トレース紙に鉛筆仕上、
図番はステンシル、文字はタイプ、陽画＋第2原図
B. 固定ガラス／C. ガラス引戸
D. 律動ガラス面／E. 換気扉

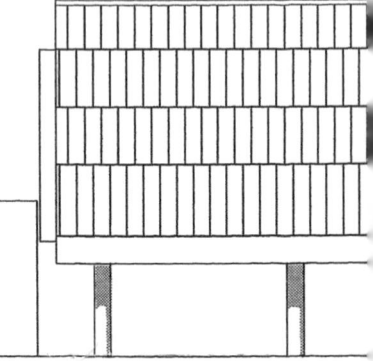

文化センター全体平面図(140頁上図)

 1. 文化センター入口(休館時は閉鎖される)
 2. 石敷の広場(彫刻が建築と調和よく配置)
 3. 美術館入口／ 4. 入口のポルティコ
 5. 講堂への階段／ 6. 展示室の臨時出口
 7. ホール／ 8. 切符売場／ 9. 書籍複製品売場
10. 待合所／ 11. 来館者クローク
12. B展示室(企画、巡回展示)への階段
13. 地下のトイレと公衆電話への階段
14. 図書室閲覧室／ 15. 図書室書庫
16. 19世紀ホール(松方コレクション)
17. A1展示室、C展示室へのスロープ
18. 貴賓室／ 19. 収蔵庫／ 20. 展示工房
21. 修復工房／ 22. 展示用資材置場
23. 搬入・通用口／ 24. 荷受け場
25. 荷解き場／ 26. 受付／ 27. 搬入リフト
28. 地下階(空調室等)への階段
29. 守衛控室／ 30. 休憩室／ 31. 厨房
32. 守衛トイレ／ 33. 守衛更衣室
34. 増築用地(1階は収蔵庫、2階は展示室)
35. 車庫／ 36. 不思議の箱(劇場)540席
37. 舞台／ 38. 楽屋、舞台装置置場
39. 野外劇場客席／ 40. 水上舞台
41. レストラン／ 42. 企画、巡回展示館

断面 B-B (140,141頁下)

 1. 映写室／ 2. スクリーン／ 3. 講堂
 4. 黒板／ 5. 書庫／ 6. 閲覧室
 7. 光を調節する透明か半透明の引戸
 8. メンテナンス用足場
 9. 拡散、直接、間接、集中など照明のため
   技師がレフ板や反光機を操作する
10. 天井の低い展示室
11. 2層吹き抜けの展示室／ 12. 換気装置

13. アルミ屋根と断熱材／ 14. 防水層
15. セメント舗装の小道／ 16. 花壇
17. 天窓／ 18. 19世紀ホール
19. バルコニー(中3階)会議室
20. 電気技師と照明技師の通路
21. 収蔵庫と展示工房／ 22. ガラス面

レベル3,4,4-2,5平面図 (141頁上図)

レベル3(2階)
A. 19世紀ホール 建築家と技術者による業績、
   芸術と装飾の流れを表す写真壁画、
   当時の制作環境の中に置かれた松方コレクションの
   主要な絵画とロダンの彫刻の常設展示
A1. 松方コレクション展示／ B. 企画巡回展示
C. 新しい収蔵品の展示／ D. 講堂
E. 増築用地／ 1. 展示室A1へのスロープ
2. 展示室Cへの階段／ 3. 展示室Bへの階段
4. 講堂の臨時入口／ 5. 美術館出口
6. バルコニー(中3階)への階段
7. タブローテーク／ 8. リフト
9. 19世紀ホールに面したバルコニー

レベル4(中3階)
 1. 館長室／ 2. 秘書室／ 3. 職員室
 4. 館長トイレ、職員トイレ／ 5. 待合室
 6. 湯沸室／ 7,8. 資料室(原稿、小作品展示)
 9. 休憩室／ 10. 講堂／ 11. 映写室
12. 映写技師用階段／ 13. 電気技師用通路

レベル4-2(天井の平面図)
A. 19世紀ホールの自然採光
B. バルコニー(中3階)の自然採光
C. 展示室の自然採光

レベル5(飛行機から見た屋上)
1. 屋根／ 2. 階段出口／ 3. 花壇

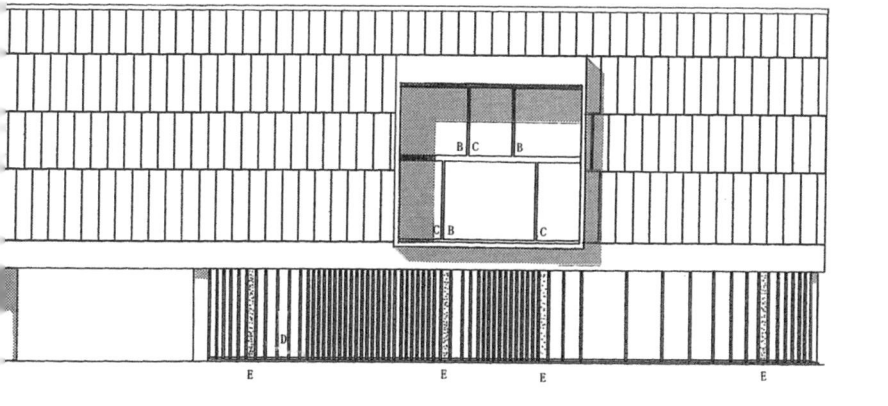

English Summary

Table of Contents p.2-3
The National Museum of Western Art, Tokyo: Information Map p.4
Discovering Le Corbusier's Museum p.9
Facility Guide 1: A Walk in the Esplanade p.25
Facility Guide 2: From the Pilotis to the 19th Century Hall p.41
Facility Guide 3: A Tour Around the Exhibition Gallery p.57
Facility Guide 4: Exploring Mezzanines and Rooftop p.73
Le Corbusier: The Person p.89
The Architecture of Le Corbusier p.105
Le Corbusier in Japan p.121
Chronological History of the Museum's Construction p.138
Le Corbusier's Original Plans and Drawings p.140

[Explanation of Illustrations]
p.4 General plan of the museum
p.5 Floor guide

Discovering Le Corbusier's Museum p.9-24
Le Corbusier, believing that the origins of creativity lie in the things we learn from the past, continuously studied existing examples of the museum as a container. There are three basic ideas that are useful for gaining a better understanding of this museum. The first one is the principle of the square spiral museum [musee spirale carree], referring to the way the exhibition gallery stretches in a square, spiral-like manner upwards from the central hall that the visitor enters through a row of pilotis. The second, the "architectural promenade" [promenade architecturale], reflects Le Corbusier's idea of architecture defined by the visitor's perception of changing sceneries while walking around the building, as opposed to a merely layout-based understanding. The third is the so-called "Modulor", an anthropometric scale of proportions Le Corbusier utilized in his work.

[Explanation of photographs and illustrations]
p.9 The principle of the "museum for unlimited growth"
p.10, 11 Four projects for infinitely growing museums
p.13 The museum at the time of completion
p.14 Museum in Ahmedabad
p.15 Museum in Chandigarh
p.17 Comparing the museums in Ahmedabad, Tokyo and Chandigarh
p.18 The museum's architectural promenade
p.19 Examples of the architectural promenade
p.21 Examples of the architectural promenade; Two historical gardens; Le Corbusier's Architecture
p.22 The Modulor in the case of this museum
p.23 Modulor; UN Headquarters Bldg., project 23A (model)
p.24 The Modulor and typical spatial positions of the human body

Facility Guide 1: A Walk in the Esplanade p.25-40

According to Le Corbusier's original plan, the Esplanade was supposed to be an art forum dotted with sculptures. However today the sculptures are mainly placed in the Japanese-style garden in the south-western corner of the museum, resulting in the disturbance of the Western order. The exterior walls are tiled with pre-cast concrete panels with blue pebbles that lend the window-less museum a characteristic look. The museum's exterior walls include three types of glass facades: large (4.95m x 5.92m) windows on each side of a swastika-shaped interior layout, an undulatory glass surface [ondulatoires] around the administrative part of the building (pieces of glass inserted between louvers arranged in a wave-like pattern), and a sashless glass area marking the main entrance behind the pilotis. The two external staircases in the Esplanade are presently not in use, and function solely as examples of Le Corbusier's concrete sculpture.

[Explanation of photographs and illustrations]
p.25 Plot plan of the museum's Modulor-based layout
p.26 The Esplanade
p.27 Model of the cultural complex with museum; Bizarre Japanese-style sculpture garden
p.29 Esplanade at the time of completion; temporary Exhibition Gallery under the Esplanade
p.30, 31 Le Corbusier's characteristic exterior walls; Wall with embedded pebbles
p.33 Production of the museum's exterior wall panels
p.34, 35, 37 Le Corbusier's window variations
p.38, 39, 40 The museum's external staircases are sculptures

Facility Guide 2: From Pilotis to the 19th Century Hall p.41- 56

The path through the pilotis into the 19th Century Hall, and from there up the slope that leads to the exhibition gallery, is one of the museum's "architectural walkways". The original pilotis turned into interior features in the lobby of the New Wing that was added on later. The 19th Century Hall is a serene space flooded with skylight through windows inspired by the young Corbusier's studies of the Ruins of Tivoli. The original idea was to decorate this hall with a photographic mural that pays homage to the 19th century, in line with the space's intended function as an exhibition venue for impressionist paintings dating from that era. However Le Corbusier's plans didn't arrive in time, and the hall eventually became an empty space with only a few sculpture displays. The hall definitely needs a mural, which ideally should be created by a contemporary artist chosen via an international competition.

[Explanation of photographs and illustrations]
p.41 Plan of the ground floor at the time of completion
p.42, 43 Pilotis; Museums in Tokyo, Ahmedabad and Chandigarh
p.44 Floor design in the Esplanade, ticket booth at the time of completion
p.45 Pilotis and Entrance Hall at the time of completion
p.46-47 19th Century Hall
p.48 Photographic mural at the Pavillion de l'Esprit Nouveau, Le Corbusier; Paris Expo 1937

p.49 Cave in the 19th Century Hall; Floor lighting
p.50, 51, 52 19th Century Hall
p.53 Le Corbusier's slopes
p.54, 55, 56 Le Corbusier's sketch of a photographic mural for the 19th Century Hall

Facility Guide 3: A Tour Around the Exhibition Gallery p.57-72

With works being on permanent display at the Exhibition Gallery, visitors can walk around freely and enjoy the diverse interior. A look at Le Corbusier's flow line studies suggests that he would have wanted the visitor to make two rounds through the gallery while viewing only the displays on one side at a time, but that turned out to be difficult in reality. Le Corbusier could not realize his idea of small exhibition chambers with movable display panels that would facilitate a dialogue with the paintings. The museum's lighting gallery is based on a lighting method that Le Corbusier had already tried out in an exhibition at the museum at the Grand Palace, Paris, in 1940. Located under the four mezzanine spaces – arranged in the shape of a swastika – are resting areas with large windows. The different views they offer aid the visitor's orientation in the building.

[Explanation of photographs and illustrations]
p.57 Plan of the first floor at the time of completion
p.58, 59 Exhibition Gallery
p.60 Foldable wall hook
p.61 Le Corbusier's flow-line study; Sliding display panels [tableautheque]
p.62 Lighting gallery illumination; Experimenting with small exhibition spaces using display panels
p.63 Pre-war trial of a lighting gallery system
p.64 Exhibition Gallery at the time of completion
p.65 World-touring Le Corbusier exhibition at this museum; Small exhibition spaces with panel displays
p.66, 67 Resting area with large window, lower ceiling height
p.69 Le Corbusier's plumbing method
p.70, 71, 72 The museum's circular stairways

Facility Guide 4: Exploring Mezzanines and Rooftop p.73-88

Due to several problems related to damage caused by direct light, fluctuating brightness in the museum according to the position of the sun, and the generation of heat inside, the lighting gallery is today completely closed, and the illumination in the Exhibition Gallery is entirely artificial. Arranged in the shape of a swastika, the four mezzanines (one of which is locate in the administrative part) with their large windows were designed to function as a circulating duct that channels light into the 19th Century Hall. However, these spaces were later converted into storage rooms with additional walls that interfere with that original function. One of the mezzanines was supposed to accommodate the museum director's office, however because of its isolated location the director later moved into an office in the first extension bldg. Today that mezzanine is used as a room for temporary workers.

This space has one of Le Corbusier's trademark curved walls. Fitted with five skylight windows, the rooftop is like a labyrinth. Mezzanines and rooftop are closed to the public today, but opportunities to see these places would be desirable.

[Explanation of photographs and illustrations]

p.73 Plan of the mezzanine (1st/2nd floor) at the time of completion

p.74, 75, 77 Studies of lighting galleries and skylight windows

p.78 Stairway to a mezzanine

p.79 Use of mezzanines; Museums in Ahmedabad and Chandigarh

p.80 Stairway to a mezzanine

p.81 Mezzanine in this museum; Stairway to a mezzanine; Museums in Ahmedabad and Chandigarh

p.82, 83 Le Corbusier's curved walls

p.85 Director's office at the time of completion

p.86, 87, 88 Rooftop: Skylight windows and roof garden

Le Corbusier: The Person p.89-104

Le Corbusier was born in 1887 in La Chaux-de-Fonds, a clock makers' village in the Jura Mountains. His real name was Charles Edouard Janneret ("Le Corbusier" was a pseudonym). His ancestors belonged to a faction of protestants in southern France that fled to Switzerland under the pressure of the catholic church. His father was a clock engraver. Le Corbusier himself graduated from a local art school and became a chaser, but his partially-sighted left eye forced him to quit his job. On the advice of his teacher at art school, he embarked on a career in architecture, and began to study under the likes of Auguste Perret in Paris. At the age of 24, Le Corbusier made his "grand tour" around Southeastern Europe, Turkey and Greece, where he inspected various classical and religious architecture. In 1927, he won the first prize in an international competition for the palace of the League of Nations, Geneva. The plan wasn't realized in the end, but Le Corbusier did make his debut as an architect. He moved to Paris and began to work as a painter, advocating Purism as a rarefied form of Cubism. He married Yvonne Gallis (1892-1957) in 1930, obtained French nationality, and opened a design office on the Rue de Sevres, where he commences his work as a designer and architect. Le Corbusier exploited the media for broadcasting his own views and statements, and published a number of writings and illustrated books. His work influenced designers around the globe. Le Corbusier died while swimming near his summer residency in the south of France in 1965 at the age of 77. Since his death, exhibitions of his works have been held, and his life story has been published in all parts of the world, where the interest in Le Corbusier is today as great as ever.

[Explanation of photographs and illustrations]

p.89 Le Corbusier

p.90-91 Imprint of Le Corbusier's right hand

p.93 His parents' house in Chaux-de-Fonds; Map of Le Corbusier's life journey; Summer residence at Cap Martin; His parents' house at Lac Léman

p.94, 95 Le Corbusier's publications; Rue de Sevres, Paris

p.96 "Open Hand" monument in Chandigarh

p.97 Le Corbusier at his design office; First issue of L'Esprit Nouveau magazine

p.98 Le Corbusier's sculpture and painting exhibition catalogue

p.99 Le Corbusier's paintings and atelier

p.100 Le Corbusier's Purist painting

p.101 Le Corbusier's apartment

p.102 Grave of Le Corbusier and his wife; Portrait of Yvonne Le Corbusier

p.103 Restoration of Le Corbusier's architecture; Deserted Savoye House; La Roche-Jeanneret House; Restored Savoye House

p.104 Exhibition hall in Chandigarh; Maximum automobile model

The Architecture of Le Corbusier p.105-120

Le Corbusier proposed the pilotis, the roof garden, the free plan, the long horizontal window, and the free façade as "five points of a new architecture." Each of them only became possible with the introduction of the ferroconcrete construction method. Throughout his entire career, Le Corbusier's architectural and design work produced both, modern white box-shaped houses and indigenous houses with vaults and arched roofs. As a matter of fact, he did feel attracted also to primitive art. Le Corbusier claimed that an "indescribable space" [espace indicible] emerges the moment when sculptures, paintings and spaces are in a state of genuine harmony. This is what he aimed to achieve in his design for the Convent of La Tourette. In this museum as well, such "indescribable spaces" might in fact turn up if they reopened the closed skylight windows. Le Corbusier designed several ideal cities for countries around the world, but only one of his plans – Chandigarh, capital of the Punjab province in India – was put into practice. His urban planning was generally based on the daily 24-hour rhythm defined by the sun.

[Explanation of photographs and illustrations]

p.105 Sketch of the "five principles of new architecture"

p.106, 107 The "five principles of new architecture" in practice

p.108 Domino House

p.109 Works disregarding the "five principles of new architecture"; The invention of the sun breaker [brise-soleil]

p.110, 111 Vernacular and sensual shapes

p.112 "Grand Comfort"

p.113 Light from a skylight window falling into a cave; Examples of "form over function", massive pilotis, thick wall

p.114, 115 "Indescribable Spaces"; The Chapel of Ronchamp; The Abbey of Thoronet; The Convent of La Tourette

p.116 The Convent of La Tourette

p.117 Cell at the Convent of La Tourette; The Abbey of Thoronet

p.118, 119 City planning in Chandigarh, India; Sketch illustrating the basic principle of Le Corbusier's urban planning p.120 Plan for a modern city of 3 million people

Le Corbusier in Japan p.121-137

In connection with the return of Japanese collector Kojiro Matsukata's collection of Impressionist paintings that had been stored in France during the war, Le Corbusier was assigned with the design of a museum where that collection should be administered and exhibited. When visiting Japan in order to examine the grounds on which the museum was to be built, Le Corbusier proposed a cultural complex integrating a museum, a pavilion for temporary exhibitions, and a theater [boite miracles], arranged around a central forum. Due to insufficient site conditions and a lack of budget, only the museum part materialized. Based on the general plan provided by Le Corbusier, his three Japanese disciples – Kunio Mayekawa, Junzo Sakakura and Takamasa Yoshizaka – collaborated on the creation of working drawings, construction specifications, and the supervision of construction works. In order to make the exposed concrete surface of the round columns as even as possible, Le Corbusier wanted to use steel formwork, but as the Japanese had little experience with steel, they eventually used wooden formwork. The museum's architecture was altered with additional buildings two times since the facility's opening, as a result of which it looks today completely different from its original design. 50 years after the construction, the building was designated as important cultural property, and was later suggested – along with 21 other projects of Le Corbusier's – for nomination as a UNESCO world heritage by the French government. Continuing restoration work raises expectations toward the museum's reincarnation as a new "Le Corbusier Pavilion".

[Explanation of photographs and illustrations]

p.121 Aerial photograph of the museum premises, 1955

p.122 Cultural complex with museum, Le Corbusier center

p.123 CIAM glid portfolio of the cultural complex; Cross-sectional plan preceding the museum's final working plan

p.125 Japanese newspaper reporting on Le Corbusier's visit to the construction site; Sketches made by Le Corbusier during his stay in Japan; Le Corbusier with Junzo Sakakura at Osaka Airport

p.126 Construction documents

p.127 Modulor chart; Le Corbusier's three disciples: Kunio Mayekawa, Junzo Sakakura, Takamasa Yoshizaka (from left)

p.129 The disciples' works (tops to bottom): Japanese pavilion at the Paris Expo 1937 (Sakakura); Japanese pavilion at the Venice Biennale1956 (Yoshizaka); Japanese pavilion at the New York World Fair 1964 (Mayekawa); Museum of Modern Art, Hayama & Kamakura (Sakakura, 1951)

p.130, 131 Museum during construction; Andre Malraux, French Minister for Cultural Affairs, inspecting the construction site in 1958

p.133 Pilotis during construction

p.134 Enclosed The Esplanade today; Seismic isolation construction; Illustration of the respective extensions p.135 Extension work; Auditorium at the museum in Chandigarh

p.137 Complex with auditorium and administration building after the first extension (not existing today), the full model; Cross-section of the museum after seismic isolation construction

Chronological History of the Museum's Construction 1951-2009

1951　Signing of the San Francisco Peace Treaty. The Japanese government files for the return of the Matsukata Collection from France.

1953　France demands the construction of a museum for the Matsukata Collection.

1954　Kunio Mayekawa approaches Le Corbusier regarding the design of a new museum on

behalf of Japanese art-related professionals and the Ministry of Foreign Affairs. Le Corbusier appoints Mayekawa, Junzo Sakakura and Takamasa Yoshizaka as collaborators.

1955　Le Corbusier accepts the assignment to design the museum. A contract is concluded, and Le Corbusier visits Japan to inspect the building plot.

1956　Le Corbusier's plans for a cultural center with museum arrive. The Japanese side rejects all parts except for the museum, and asks Le Corbusier to redesign the museum's lighting system.

1957　Le Corbusier replies that a redesign of the lighting system is not necessary. Le Corbusier's general construction plans arrive. Mayekawa, Sakakura and Yoshizaka each take charge of part of the execution design.

1958　Completion of the execution design. Bid for construction work, groundbreaking.

1959　Completion of construction. Arrival of the Matsukata Collection. Museum opening. Le Corbusier intends to visit Japan for the installation of his photographic mural in the 19th Century Hall, but is unable to realize his plan.

1979　Addition of the New Wing (designed by Kunio Mayekawa). The buildings are connected through a hole that is cut into the wall of the second floor exhibition gallery. The New Wing's lobby is built around the pilotis. Three mezzanines are turned into storage rooms with additional walls that obstruct the incidence of light into the 19th Century Hall.

1997　An additional exhibition hall is built in the basement under the Esplanade (design by Mayekawa Architects & Engineers). An administration building is added as an annex on the western side of the museum. The exhibition gallery's skylight windows are completely closed. Seismic isolation construction is completed.

2007　The museum is designated as important cultural property.

2009　The museum is suggested for nomination as a UNESCO world heritage.

[Explanation of photographs and illustrations]

p.140, 141　Le Corbusier's original master plan drawings for the cultural complex

p.142-145　Le Corbusier's original general plan drawings for the museum

The Author
Tadayoshi FUJIKI
Professor emeritus at Tokyo University of the Arts; Honorary member of the Japan Institute of Architects
1933 Born in Tokyo
1956 Graduated from the Department of Architecture, Tokyo University of the Arts
1956-1964 Junzo Sakakura Architects and Engineers (Responsible for design and construction management of the National Museum of Western Art, Tokyo)
1964 Lecturer, associate professor, and later (1986-2001) professor at the Department of Architecture, Tokyo University of the Arts
1999 "Le Corbusier and Japan", co-written report of an international symposium hosted by the Fondation Le Corbusier (Kajima Publishing)
2007 French edition "Le Corbusier et Le Japon" published by Editions A. et J. Picard, Paris

あとがき ―断片的ノート―

　ル・コルビュジエは標高1000mの山の街に育ち、彼の愛した標高0mの地中海で没した。先祖も内陸のアルビ人と聞く。山を愛するシャモニーのガイドにも地中海育ちがいると聞くが、人間とは不可解なものだ。評伝によると、彼は詩人であることを願い、才女に惹かれ、嫉妬し、スポーツを愛し、組織を嫌い、ノーベル賞候補にもなったという。確かなことは目が悪いことだ。吉阪さん曰く「彼は片目をいためているから、いわば独眼流だ。二つの目を持つ私たちの方が空間を知らず、一つの目で描きだしたものがこれほどまでに空間的なのはどういうことだろう」と。楽聖ベートーベンは耳が、輝くようなパステル画のドガは目が悪かったという。音や光への渇望が芸術を生んだのだろうか。

　私はル・コルビュジエに会ったことはない。芸大生の時、設計課題で彼の作品を真似て吉村順三先生に、もっと自分らしくと教えられた憶えがある。卒業後、都市への関心から、難波や渋谷で都市改造に取り組んでいた坂倉さんの事務所に入った。私は国立西洋美術館などを担当し、最後の仕事は新宿駅西口の再開発だ。坂倉事務所にはル・コルビュジエの本が沢山あり、駒田知彦、村田豊両氏のフランス通がいて、彼への関心は高まった。その後、母校に戻り、「ル・コルビュジエ」を教える立場になった。彼の著書「小さな家」に触発されて、最小限住宅を建てた池辺陽や清家清に倣って、私もモデュロールを用いて屋上庭園と戸外の居間のある実験住宅「サニーボックス」を建て、住まう。また、海外に彼の作品を訪ね、実際に見て感動した。そして、彼の設計の態度「飽くなき探求」を学生と一緒に実行することにした。

　国立西洋美術館では3人の弟子の下で働く機会を得た。3人の弟子の役割は設計実務の分担とは別だ。坂倉さんは、彼の識見と一高、東大の美学美術史専攻の人脈を活かして、美術界の総意を「設計はル・コルビュジエ」にまとめ、本館を完成まで導いた。前川さんは東大工学部の人脈で諸官庁と予算などの折衝に当たり、全体の進行を支えた。吉阪さんは、直近の弟子として、ル・コルビュジエの建築革新後の初期しか知らず、モデュロールの経験もない先輩格の二人から頼りにされ、ル・コルビュジエとの連絡と現場での指導を任された。当時は、航空郵便と電信しかなく、その苦労は想像に余りある。竣工が近い頃、隣で工事中の東京文化会館の現場で、前川さん、大高正人さんと私で、塀について会議。私の方は文部省の意向で、やむなく塀をつくるが、背の低い透視性のある鉄筋矢来型とし、開門時は前庭を公開する旨を説明。前川さんの方もル・コルビュジエの意図を汲んで、塀に替えて水路とし、文化会館と本館前庭との空間をつなげることになった。建物が完成し、富永惣一館長以下の人事が決まり、ル・コルビュジエの美術館とスタッフの闘いが始まった。2週間後、横浜に松方コレクションが到着。開館準備がスタート。

　私はこの本を、募金に協力された藤山愛一郎、司 忠氏他の方々、募金支援に作品を提供

された安井曾太郎画伯他の方々、そして本館の建設に関わった坂倉準三建築研究所、前川國男建築設計事務所、吉阪研究室、横山建築構造設計事務所、文部省工営課、清水建設、東洋熱工業、日本電設、西原衛生の方々の想いを込めて記した。これは重文に指定された本館が、今後、正しく復原され、サヴォワ邸、マルセイユのユニテ・ダビタシオン、ロンシャンの礼拝堂などと共に、文化遺産として活用保存されることを願う私の証言だ。

本書の資料としては研究の完全な記録であり、常に所員に参照させたという「全作品集」を参考にした。なお、第7巻に掲載されている西洋美術館の図面は私が修正した竣工図、竣工写真は平山忠治氏他の撮影、施工写真は私が撮影したものだ。本館の設計過程を知る上で1984年刊のアレン・ブルックス編「ル・コルビュジエ・アーカイブ」を参考にした。なお、この資料には西洋美術館の設備の図面がある。これが当時、日本側に送られたかは不明で、嬉しくない屋上ダクト設置の経緯とともに、今後の研究課題だ。日本側の記録資料として国立西洋美術館協力会編の「国立西洋美術館設置の状況」、「国立西洋美術館要覧」を参照。ル・コルビュジエの葬儀の模様は、坂倉代理で参列した日本人唯一の建築家、竹村真一郎氏の手記による。彼は、坂倉事務所での同僚で、本館実施設計の初期にも参加し、その後、渡仏して都市計画に従事。トロネの修道院を始めロマネスク美術を研究した。私にトロネ行きを勧め、荒廃したサヴォワ邸に案内してくれたのも彼だ。

2009年、「ル・コルビュジエと国立西洋美術館」展において、ル・コルビュジエ財団所蔵の本館の原図が公開された。私は初めて原図に接し、わずか9枚の図面で、変更されることなく完成した彼の設計の構築された強さにあらためて感心した。それは「どこを切っても血が出るのが建築だ」という坂倉さんの教えと通じる。

本館の保存について、耐震補強の検討委員会で免震化案を決断された岡田恒男委員長（日本建築防災協会理事長）、そして、重文指定の基礎調査をされた日本建築学会国立西洋美術館歴史調査WGの鈴木博之主査（建築史家・東京大学名誉教授）に敬意を表する。この本のために、青柳正規国立西洋美術館長、高階秀爾大原美術館長（元西洋美術館長）、坂倉建築研究所の坂倉竹之助会長、阪田誠造最高顧問からは助言と励ましを頂いた。ル・コルビュジエ財団所蔵の資料について山名善之東京理科大学准教授にご面倒をおかけした。ル・コルビュジエ財団、国立西洋美術館、坂倉建築研究所、前川建築設計事務所、吉阪正邦氏、清水建設、大成建設ギャラリー・タイセイ、森美術館他の方々からは資料を提供して頂いた。また、東京芸大藤木研究室OBの方々には図版作成をお願いした。ここに記して感謝する。出版に当たって、ご苦労をお掛けした鹿島出版会の川嶋勝、渡辺奈美の両氏に心から感謝する。

2011年7月　藤木忠善

[写真提供]（数字は頁を示す）

朝日新聞社　125上

Takeshi SEWAKI（Echelle-1）　104下右

国際建築協会（国際建築）　71上、129中下

国立西洋美術館　44下右、52、85上、121、137中左・中右

坂倉建築研究所　65上・中・下、125下左、127中下、129上・下、131上、137上

清水建設株式会社　45下、87下

新建築社（新建築）　81上

大成建設ギャラリー・タイセイ　99上

日本大学芸術学部　44下右

前川建築設計事務所　127下左

森美術館（森アート・コレクション、東京）　102下

吉阪正邦　127下右

ル・コルビュジエ財団 ©FLC/ADAGP, Paris&SPDA, Tokyo, 2011　11中右・下、23下、27上、48、62下左・下右、63上・下、89、90-91、97上、98下、100、101下右、113上・下、123上(4点)

[写真撮影]

北田英治　129中上

坂倉準三建築研究所（撮影 藤木忠善）　33(3点)、88、130(2点)、131(2点)、133(3点)

坂本万七写真研究所　137中左・中右

東京フォトアート　13中、26上、29上、37上、45上、64、77右上

當間一弘　14上、43上

平山忠治　13上

藤木忠善　14中・下左・下右、15上・中・下左・下右、18上・中・下、19上・下、26下、27下、30、31上左・上右・下、34上・下、35上・下、37左下・下右、38上・下、39上・上右・中・下左・下右、40、42上・下、43中・下、46-47、49上・下、50、51上・下、53上・中・下、58上・下、59上・下、60、62上、66-67、69下右、70上・下、71下左・下右、72、74、75上・下、77下、78、79上・中・下左・下右、80、81下左・下右、82、83上・下、86、87上、93上・中・下左・下右、94-95、94下、95下、96、98下、99下、101上左・上右・中・下右、102上、103上・中・下、104下右、106上・下、107上・下左・下右、109上左・中・下右・下右、110上・下、111上・下、112、114上・下、115、116、117上・中・下左・下右、118上・中・下、119上・下左・下右、122下、126、134上・下、135上左・上右・下

村沢文雄　13下、61

渡辺義雄　44下右(未発表の35ミリ密着プリントから拡大)、127下左

[図版提供]

国立西洋美術館　29下、137下

坂倉建築研究所　22、25、74上(3点)、127上

ル・コルビュジエ財団 ©FLC/ADAGP, Paris&SPDA, Tokyo, 2011　9(2点)、10上左・上右・中・下、11上・中左、21中、23上、24下、35中上、54-55、56、61、63中上・中下、69下、77上左(3点)・中、81中、97下、105、108、109上右、113中、119中、120、122上、123下、125上・中・下(2点)、140、140-141下、141上(4点)、142上・下、143上・下、144上、144-145下

[英訳]

Andreas Christian Stuhlmann

著者紹介

藤木忠善(ふじき ただよし)東京芸術大学名誉教授　日本建築家協会名誉会員

1933年　東京生まれ　1956年　東京芸術大学美術学部建築科卒業
1956年　坂倉準三建築研究所(国立西洋美術館、新宿駅西口広場など担当)
1964年　東京芸術大学美術学部建築科講師、助教授を経て1986年同教授(〜2001年)
1965年　北欧、西欧諸国および北米を巡る地球一周の見学旅行
1978年　文部省長期在外研究員(欧州アルプス山麓地域の集落環境調査)
1985年　コロラド大学客員教授(フルブライト交換教授)

ル・コルビュジエ、国立西洋美術館に関わる委員歴

1960年　日本建築学会 ル・コルビュジエ世界巡回展・東京実行委員
1989年　国立西洋美術館整備調査委員会委員
1995年　国立西洋美術館本館等改修検討委員会委員
2005年　国立西洋美術館スペースデザイン諮問委員会委員
2006年　日本建築学会 国立西洋美術館本館歴史調査WG特別委員

ル・コルビュジエ、国立西洋美術館、3人の弟子に関わる論文等

国立西洋美術館におけるモデュロール「新建築」1959年7月号
国立西洋美術館外壁詳細「国際建築」1959年8月号
環境としてのディテール「季刊ディテール」21号 1969年7月刊 ル・コルビュジエの飽くなき探求シリーズ『小さな家』、『ロンシャンの礼拝堂』を紹介
東京・巴里1936-37『大きな声 建築家坂倉準三の生涯』に収録 鹿島出版会 1975年刊
「1937年巴里萬國博覧會協會事務報告」により日本館建設経緯を検証した論文
国立西洋美術館「キーワード50」7号 建知出版 1983年刊 開館後25年で改変が進む本館の保存の必要性を提言した論文
世界の建築家ブエノスアイレスに集う(クルチェット邸訪問記)「新建築」1993年12月号
ル・コルビュジエの「見えざる手」—国立西洋美術館における体験「ル・コルビュジエ東京展カタログ」セゾン美術館 1996年
アートと空間が語りかける憩いの場「ZEPHYROS」2号 国立西洋美術館ニュース 1997年
本館の空間的特徴、天窓の復活を提言した論文
キュビストがつくった芸術容器 国立西洋美術館におけるル・コルビュジエと日本の弟子たち『ル・コルビュジエと日本』高階秀爾他編に収録 鹿島出版会 1999年刊
同仏語版『Le Corbusier et le Japon』ピカール社 2007年刊 四角い螺旋、特にスバスチカに注目した論文

ル・コルビュジエの国立西洋美術館

発　　行	2011年8月20日　第1刷
	2016年6月25日　第2刷
著　　者	藤木忠善（ふじきただよし）
発行者	坪内文生
発行所	鹿島出版会
	〒104-0028　東京都中央区八重洲2-5-14
電　　話	03-6202-5200
振　　替	00160-2-180883
印刷・製本	三美印刷

©Tadayoshi FUJIKI 2011
ISBN978-4-306-04557-6 C3052
Printed in Japan

無断転載を禁じます。落丁・乱丁本はお取替えいたします。
本書の内容に関するご意見・ご感想は下記までお寄せください。
URL:http://www.kajima-publishing.co.jp
e-mail:info@kajima-publishing.co.jp